EXPLICATION
DES SIX PEINTURES
DE LA PYRAMIDE DE C. CESTIUS,
GRAVÉES ET COLORIÉES
PAR MARCO CARLONI;

Avec l'HISTOIRE CRITIQUE de cette Pyramide, et une DISSERTATION sur le Sacerdoce des VII Virs Épulons.

PAR M. L'ABBÉ RIVE.

FIGURE XXXVI.

LA PREMIERE de ces peintures représente la moitié du sépulcre de C. CESTIUS, construit dans une partie de l'intérieur de la pyramide qui porte son nom. Pietro-Sante Bartoli [1] n'en a pas indiqué les mesures. Ottavio Falconieri les a données [2] : il dit que la hauteur de ce sépulcre est de XIX palmes; sa longueur de XXVI; et sa largeur de XVIII [3]. Si ces mesures sont exactes, Marco Carloni [4] a fait deux fautes; l'une, en ne les adoptant pas en entier; et l'autre, en supprimant les raisons qui l'ont déterminé à donner à ce sépulcre XXVI palmes de largeur, tandis que Falconieri ne lui en donne que XVIII. On peut lui en reprocher une troisieme, en ce qu'il ne dit rien de sa longueur [5]. Barbault [6] s'est bien plus étrangement écarté des mesures de Falconieri: ce sépulcre a selon lui XXVIII pieds de long, et XIX de haut: il ne parle pas de sa largeur. Comme il n'a également pas réfuté Falconieri, et qu'il ne l'a pas même nommé, je suspecte encore plus ses mesures que celles de Carloni.

On voit sur cette premiere planche la moitié des figures qui sont sur la voûte et sur les murs du sépulcre de Cestius. Elles désignent d'une maniere symbolique une partie des attributs et des fonctions de la dignité sacerdotale dont il étoit revêtu. Olaüs Borrichius[7] et d'autres auteurs[8] les ont prises pour des symboles d'une pompe funebre : ils se sont trompés.

Ces figures ont un rapport exclusif et si direct avec le sacerdoce du college des épulons, dont le Cestius de cette pyramide étoit membre, qu'il faut n'avoir aucune connoissance des sacerdoces des anciens Romains pour prétendre le contraire.

Indépendamment des rapports exclusifs et directs que ces figures ont avec le sacerdoce des épulons, on n'a qu'à jetter un simple coup d'œil sur l'air, l'attitude, et les couleurs des habillements des femmes que la plupart d'entre elles représentent, pour en conclure qu'elles n'ont rien de relatif à une cérémonie lugubre. C'est ce que Falconieri et Marco Carloni ont pensé avant moi. Mais en adoptant leur opinion, je ne puis m'empêcher de combattre quelques unes des conjectures sur lesquelles ils l'ont fondée.

Les murs de ce sépulcre sont peints à panneaux de même hauteur, mais de différente largeur. Il y a, au milieu des plus petits, des candélabres qui sont de la même hauteur qu'eux[9]; et au milieu des plus grands, ou un vase de différente forme, ou une figure de femme assise ou debout avec divers attributs.

La voûte a au milieu un grand cadre orné à chacune de ses extrémités d'une figure de femme avec des ailes, et tenant d'une main des couronnes d'où pendent des bandelettes sacerdotales, et de l'autre, des bandelettes semblables.

Ces quatre figures ne sont gravées exactement ni dans le IV.ᵉ tome des Antiquités romaines de Grævius[10], ni dans le XII.ᵉ tome des Antiquités grecques de Gronovius[11], ni dans la nouvelle édition de Marco Carloni[12].

Toutes ces figures sont d'un beau style et d'un très bon goût. Elles ont été exécutées sous le regne d'Auguste, ainsi qu'on le verra dans mon histoire critique de la pyramide dont elles embellissent une partie de l'intérieur.

HISTOIRE CRITIQUE

DE LA PYRAMIDE

DE CAÏUS CESTIUS,

AVEC UNE DISSERTATION

SUR LE SACERDOCE DES VII. VIRS ÉPULONS,

ET DES NOTES

POUR SERVIR A L'ÉCLAIRCISSEMENT DU TEXTE;

PAR M. L'ABBÉ RIVE.

Ouvrage orné de planches représentant la coupe de ce tombeau, et les peintures qui en décorent l'intérieur, gravées d'après les dessins de Marco Carloni.

A PARIS,

DE L'IMPRIMERIE DE DIDOT L'AÎNÉ.

Aux dépens de Molini et Lamy, libraires.

M. DCC. LXXXVII.

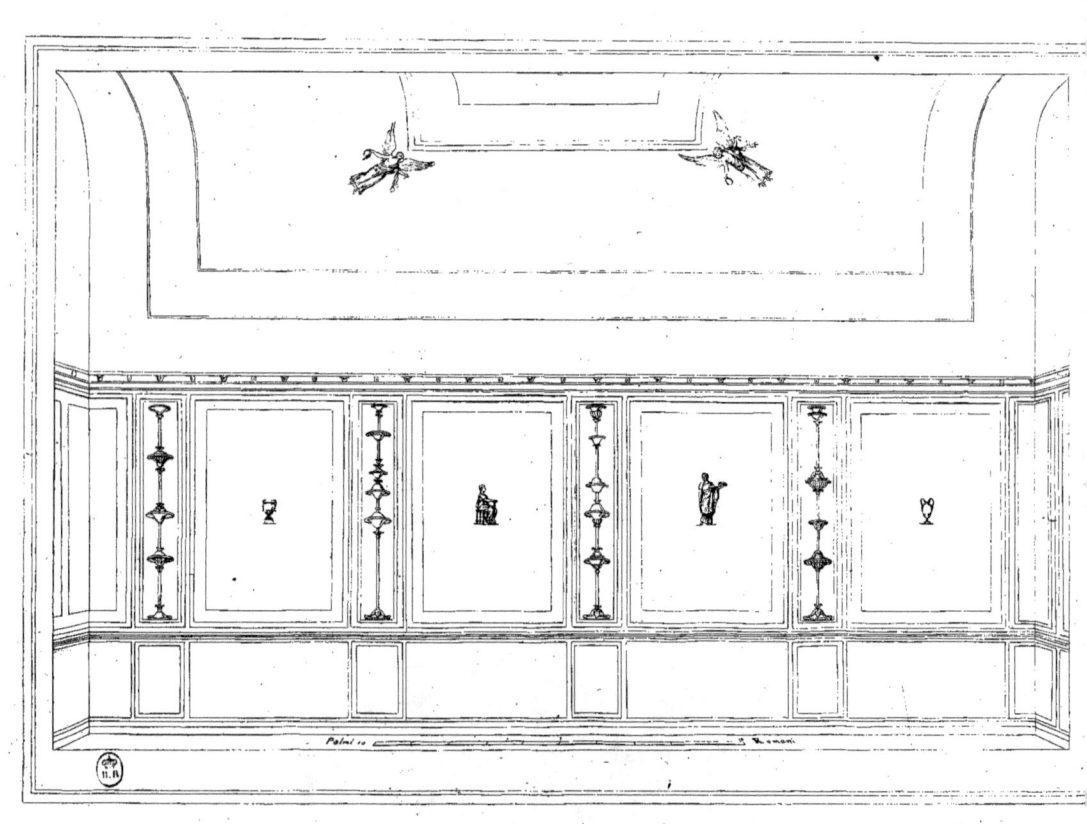

Comme les figures de femmes qui sont sur cette premiere planche sont représentées plus en grand dans les cinq autres planches suivantes, je renvoie ce que j'ai à en dire à l'explication particuliere que je réserve à chacune d'elles. Je me borne pour celle-ci aux candélabres et aux vases dont elle est ornée.

Le nom de candélabre vient, selon Varron[13] et Pline[14], du mot CAN-DELA. Festus[15], Servius[16], et Isidore de Séville[17], ont adopté cette étymologie. Funger en a donné une autre; la voici: CANDELÆ LABRUM[18]. Gérard Jean Vossius l'a rejettée[19]. Le choix entre l'une et l'autre est si peu important, que ce seroit en vérité peine perdue, que de discuter si c'est avec fondement, ou par humeur, que Vossius lui a refusé son approbation.

Virgile[20] et Ovide[21] ont appellé les candélabres, FUNALIA. Ce fut dans l'isle d'Égine qu'on excella dans leurs coupes; et à Tarente, dans leur tige[22].

Il sortoit, selon Servius et Isidore de Séville[23], du milieu de leur coupe supérieure, un fer recourbé par le haut, pour retenir la chandelle. On ne le voit pas sur ceux de ce sépulcre. Il y a apparence que ce fer ne s'y plaçoit qu'avec la chandelle.

Ce n'étoit qu'au repas du soir que les Romains se servoient de candélabres. On en vendoit à Rome de grands et de petits; mais le luxe y faisoit mépriser ceux qui étoient trop bas. De là la réponse que fit un Romain, qui en avoit acheté un de bien petite taille, à ceux qui le persifloient sur son emplette : « Je ne l'ai acheté que pour m'éclairer pendant mon « dîner[24]. »

Pline rapporte une anecdote très plaisante, mais trop libre, sur un candélabre qu'un esclave adoroit comme un dieu[25].

L'art ne prescrit jamais que le vrai et le beau : mais des artistes d'une imagination exaltée s'élancent souvent par un saut de géant au-delà des bornes où la perfection s'arrête. La frénésie de l'invention leur fait produire des ouvrages monstrueux : tels furent ces candélabres dont Vitruve[26] fait une critique très sensée. Ils portoient de petits châteaux d'où s'élevoient une quantité de branches délicates sur lesquelles des figures étoient assises, ou qui aboutissoient à des fleurs d'où sortoient des demi-figures, les unes avec des visages d'hommes, les autres avec des têtes d'animaux.

Parmi les candélabres à branches qui parurent à Rome, un des plus curieux fut certainement celui du temple de Jérusalem, que Titus y fit emporter après avoir triomphé des Juifs, et dont la représentation est sculptée sur l'arc qui porte son nom[17].

On voit sur des lampes sépulcrales des Juifs des copies de ce candélabre, mais elles sont d'une très mauvaise exécution[18].

Je ne décris pas les vases qui sont dans les panneaux de cette premiere peinture : je me contente de renvoyer ceux qui seront curieux de les voir sous une plus grande forme, au XIIe. tome des Antiquités grecques[19], et au IVe. des Antiquités romaines[20]; et j'observe avec Olaüs Borrichius[21], qu'ils représentent ceux que les Romains appelloient VASA VINARIA.

FIGURE XXXVII.

CETTE planche représente une des quatre figures de la voûte du sépul- de Cestius. Chacune d'elles est peinte dans la même attitude, sous les mêmes couleurs, avec des ailes, tenant dans sa droite une couronne d'où pendent, selon Falconieri[1], des bandelettes sacerdotales; et dans sa gauche, des bandelettes semblables. Je n'ignore pas que Piranesi prend ces bandelettes pour des colliers[2] : mais je préfere l'opinion de Falconieri à la sienne, parcequ'elle s'adapte beaucoup mieux à l'explication de l'allégorie qui est cachée sous ces figures.

De quelles branches d'arbres sont les couronnes que ces figures tiennent dans leur droite? sont-elles d'olivier ou de laurier? Piranesi[3] assure qu'elles sont de laurier. Je ne les ai pas vues; je m'en rapporte à son témoignage. Il dit les avoir examinées avec l'attention la plus scrupuleuse[4].

Que signifient ces quatre figures avec leurs ailes, leurs couronnes et leurs bandelettes? Falconieri[5], Barbault[6], Piranesi[7], et Marco Carloni[8], prétendent que ce sont des victoires militaires. Leur conjecture est-elle fondée? On en jugera par les observations suivantes.

Ce n'étoit pas à la seule victoire militaire que les anciens donnoient des ailes : les Étrusques en donnoient aussi à Minerve, à Diane et à ses nymphes; à l'Amour, à Proserpine et aux furies [9]. La Diane grecque étoit quelquefois ailée [10]. Les Romains représenterent avec des ailes la statue de la paix, placée à la pointe du fronton du temple qu'ils lui consacrerent [11]; et ils représenterent de même leur Diane LUCIFERA dans l'apothéose de Faustine [12]. On voit des génies ailés sur le stylobate de la colonne antonine [13], dans les villes Borghese [14] et Corsini [14*]; à Venise [15], sur une cornaline du cabinet de Stosch [16]; et sur deux vignettes de l'histoire de l'Art, par l'abbé Winckelmann [17].

Quand l'ame étoit personnifiée chez les anciens, elle étoit également figurée avec des ailes [18]. Ainsi cet attribut ne doit pas plus être approprié exclusivement à la victoire militaire, que celui de la foudre à Jupiter, et des talonnieres à Mercure.

Dans certains monuments, Junon, Minerve et Vulcain sont aussi armés de la foudre [19]; et Minerve a pareillement des talonnieres [20]. D'ailleurs les anciens ont-ils toujours figuré la victoire militaire avec des ailes? Il est certain qu'on ne sauroit l'affirmer [21].

Il n'est pas vrai non plus que dans l'antiquité on n'ait offert des couronnes qu'aux vainqueurs des ennemis de la patrie. Les prêtres [22], les vestales [23], &c. en portoient dans les sacrifices. Les maîtres des festins [24] et les convives [25] s'en ornoient dans les repas: ils en prenoient quelquefois trois [26]. On en ceignoit le front des morts [27], et l'on en jonchoit les sépulcres [28].

Est-il encore bien sûr que le laurier ne se donnât qu'à la victoire militaire? N'étoit-il pas aussi consacré à Bacchus [29]? Les Lacédémoniens n'en couronnoient-ils pas leurs morts [30]? Les Romains ne s'en servoient-ils pas, soit dans les aspersions qu'ils faisoient pour préparer un domicile à un nouveau maître [31], soit dans leurs expiations pour se préserver contre toutes sortes d'accidents et contre les démons [32]? N'étoit-ce pas dans l'idée d'un semblable préservatif que leurs libitinaires en entouroient leur front [33]? Les statues d'Esculape n'étoient-elles pas ordinairement couronnées de laurier, parcequ'on attribuoit à cet arbre plusieurs vertus curatives [13]*?

Puisque les anciens donnoient des ailes à l'ame personnifiée et aux génies, ces quatre figures ne peuvent-elles pas représenter quatre ames, ou quatre génies, qui se détachent de la voûte de ce sépulcre avec des couronnes pour les mettre autour de l'urne où reposent les cendres de ce Cestius, et signifier, par ce couronnement, la victoire qu'il avoit remportée sur les combats de la vie ? Tel étoit le motif qui engageoit les anciens à couronner leurs morts. C'est ce que Saint Clément d'Alexandrie [34], l'auteur de l'altercation d'Épictete avec l'empereur Adrien [35], Suidas [36], Rhodigin [37], Paschalius [38], Kirchmann [39], Nicolaï [40], et Schmeizel [41], nous apprennent. La couronne funéraire chez eux étoit même la plus honorable de toutes [42]: c'étoit à cause de cela qu'à Lacédémone elle étoit de branches de laurier [43].

Peu importe que ces quatre figures soient habillées en femme : ce costume ne doit pas nous empêcher de les prendre pour quatre génies. Les anciens donnoient indifféremment les deux sexes à leurs dieux de quelque ordre qu'ils fussent. Jupiter [44], la Lune [45], Minerve [46], Bacchus [47], Vénus [48], Vulcain [49], étoient chez eux homme et femme. Le génie étoit aussi mâle et femelle [50]. Le Bonus Eventus étoit quelquefois représenté partie en homme et partie en femme [50]*. Quand les Romains allégorisèrent la vertu et la volupté, ils les peignirent d'abord en homme [51], parcequ'ils imitoient alors les Étrusques : mais ce costume changea chez eux lorsqu'ils copierent les Grecs. Si dans un temps ils ont peint la vertu et la volupté en homme, ils peuvent avoir représenté dans un autre le génie d'un homme en femme [52]. Si l'on veut absolument que ces quatre figures soient des victoires, j'y consens, mais à condition qu'on les prendra pour des victoires religieuses, et non pas pour des victoires militaires. Nous n'avons aucun monument qui indique que le Cestius de cette pyramide se soit signalé dans quelque combat contre les ennemis du nom romain [53]; et ce n'est que par conjecture que Falconieri [54], Piranesi [55], et Marco Carloni [56], avancent que le college des épulons, dont ce Cestius étoit membre, avoit soin d'ordonner les repas publics qui se donnoient à Rome pour les victoires remportées sur les peuples qui tomboient sous la domination romaine. Les anciens auteurs ne présentent aucune trace d'un pareil usage.

La peinture de ces quatre victoires religieuses n'est peut-être qu'une imitation des victoires militaires qui descendirent en Espagne, par des machines, du haut du plafond sous lequel Metellus étoit à table. Falconieri [17] rapporte cette anecdote d'après Plutarque [18] ; mais Paschalius l'avoit déja mentionnée avant lui [19]. Ni l'un ni l'autre ne sont remontés assez haut : nous devons cette anecdote à Salluste [19*].

Quand même Piranesi se seroit trompé en prenant ces couronnes pour des couronnes de laurier, et qu'elles seroient d'olivier, cette méprise ne détruiroit pas les raisons qui me font croire que ces victoires sont des victoires religieuses, et non pas des victoires militaires. Les anciens donnoient aussi à leurs morts des couronnes d'olivier [60].

Les bandelettes qui pendent de ces couronnes, et celles que ces victoires tiennent dans une de leurs mains, sont l'emblême du sacerdoce dont ce Cestius étoit revêtu.

Tous les prêtres chez les anciens ceignoient leur front de couronnes d'où pendoient des bandelettes [61]. Mais cet attribut n'étoit pas exclusif pour eux : il y en avoit aussi aux couronnes funéraires de ceux qui n'étoient pas prêtres [62] ; on en jettoit même dans leurs tombeaux [63]. Les Romains appelloient TÆNIÆ ces diverses sortes de bandelettes [64].

Que les figures de la voûte de ce sépulcre soient ou des ames, ou des génies, ou des victoires religieuses; elles devoient y être peintes, selon la théologie des anciens, en nombre pair. Ce nombre étoit celui qui étoit consacré aux dieux inférieurs et aux démons [65]. Le nombre impair ne convenoit au contraire qu'aux dieux supérieurs [66]. Cela étant, on n'y pouvoit peindre une seule figure allégorique; il devoit y avoir au moins deux personnages symboliques. Si l'on y a doublé ce nombre, c'est la symmétrie qui l'a exigé ainsi.

Au reste, ces quatre figures portent à leur bras droit un bracelet jaune.

Les Romains ne représentoient avec cette marque de distinction que les personnes nobles ⁶⁷. Cette marque sert encore à prouver que ces quatre figures allégoriques sont ou l'ame ou le génie de ce Cestius, qui par son ordre sacerdotal, nonobstant son extraction, étoit chez les Romains réputé noble.

Figure XXXVIII.

De ces quatre figures, il y en a deux qui sont assises et deux autres qui sont debout. Les unes et les autres se répondent en diagonale selon l'identité de leur attitude ¹. Les deux premieres sont sur le mur qui est à gauche, et les deux autres sur celui qui est à droite ².

Pietro-Sante Bartoli et Marco Carloni ne sont pas d'accord sur le rang que ces figures tiennent sur chaque mur. Celui-là place d'abord sur le mur qui est à gauche celle qui a une flûte dans chaque main; et après, celle qui est assise devant un monopode. Il donne le premier rang, sur le mur qui est à droite, à celle qui tient un livre; et le second à celle qui porte un vase dans sa droite, et un plat dans sa gauche ³. Celui-ci fait tout le contraire ⁴; les premieres ne sont chez lui que les secondes, et les secondes y sont les premieres.

Qui des deux se trompe ? J'en jugerai lorsque j'examinerai un jour cet ordre sur le lieu même. Falconieri ne dit rien là-dessus. Tout ce que je sais, c'est que depuis plus de trente ans que j'étudie l'histoire littéraire et politique, j'ai été obligé de reléguer par dépit dans la région du doute une quantité immense de faits, parceque les historiens qui me les ont offerts n'ont pas su m'épargner le désagrément de les voir se contredire non seulement les uns les autres, mais encore assez souvent eux-mêmes, en me les présentant. Si les gouvernements, touchés un jour du triste état où gémissent nos histoires littéraires et politiques, se pénetrent de l'importante nécessité de faire redresser la plupart des faits historiques, ils établiront certainement des vérificateurs de faits littéraires et politiques, animés d'un courage insurmontable, doués d'une sagacité très profonde, remplis de l'équité la plus parfaite et la plus inébranlable, et déja illustrés

par des travaux qu'aucune nouvelle lime ne pourroit rendre plus finis, afin d'abattre, par la force de leurs bras, cette vaste et épaisse forêt d'erreurs d'où s'élevent de plus en plus tant de sombres nuages qui nous dérobent la vérité.

Quelle est la hauteur de ces figures? Voici une nouvelle contradiction. Falconieri [5] dit qu'elle est d'un palme et un quart. Barbault [6] leur donne au contraire un pied de haut. Cette autre contradiction sera aussi aisée à lever que la précédente: mais qu'on attende encore que je fasse le voyage de Rome. Il est bien étonnant que Barbault s'avise de contredire Falconieri sans le nommer, et peut-être sans l'avoir lu. Est-ce ainsi qu'on établit la vérité des faits? Quand on écrit sur un objet, il ne faut rien ignorer de ce que les auteurs principaux en ont dit. Si l'on n'a rien de nouveau à en dire, on ne doit pas en parler. Si l'on en parle autrement que les autres, on doit les réfuter et motiver les raisons pour lesquelles on le fait.

Barbault peut avoir mieux mesuré que Falconieri. La hauteur qu'il assigne à ces figures a une proportion plus juste avec celle de ce sépulcre, que la hauteur que Falconieri leur donne: mais comme Barbault le contredit sans le citer, les savants préféreront toujours à son autorité celle de Falconieri.

Piranesi [7] présente ces figures comme ruinées par la main du temps, et par divers accidents. Barbault [8] assure qu'elles se sont conservées nonobstant l'espace de près de dix-huit siecles et les fréquentes inondations du Tibre, parceque les stucs dont les murs de l'intérieur de ce sépulcre sont revêtus sont très fortement liés ensemble.

Par quelle fatalité trouve-t-on des entraves presque à chaque pas que l'on fait dans l'histoire?

Ces figures désignent-elles des femmes ou des vierges? L'antiquité, et principalement la grecque et la romaine, avoit différencié ces deux états par la coeffure, les habillements, et certaines autres marques caractéristiques. Comme ces figures n'appartiennent qu'à l'antiquité romaine, c'est à elle seule que je borne mes explications. Kippingius, Cellarius, le Pere Cantel, Nieupoort, M. Frédéric Hildebrand, et le Fevre de Morsans, nous ont donné des traités élémentaires sur les antiquités, les mœurs et les usages des Romains : j'y ai eu recours ; mais c'est en vain que j'y ai cherché ces différences et ces marques. Lenglet et son nouvel éditeur en font cependant grand cas [9] : ou ils ne les ont pas lus, ou ils en ont mal jugé. Ce qui me feroit croire qu'ils n'en ont parlé que d'après de très médiocres connoisseurs, c'est qu'ils ont estropié les noms de la plupart de leurs auteurs [10]. Si des bibliopoles de Hollande ou de France, tentés par l'avidité du gain, font remettre un jour sous la presse quelques-uns de ces traités, ils auront grandement tort, s'ils ne les font pas remanier auparavant par des gens très habiles et très patients : ils ont besoin d'être revus avec le plus grand soin ; ils demandent beaucoup d'augmentations essentielles, et une infinité de corrections [11].

J'ai parcouru aussi le Costume de plusieurs peuples de l'antiquité, par Lens [12]. Loin d'y découvrir des éclaircissements sur l'objet de mes recherches [13], j'y ai apperçu au contraire divers endroits sur d'autres matieres, que je crois répréhensibles, et que je releverai en partie dans d'autres ouvrages [14], et en partie dans celui-ci [15].

Les peintures, les médailles, les statues, les bas-reliefs des Romains n'ont pu m'apprendre toutes ces différences : leur ensemble ne peut former une histoire suivie du costume des coeffures et des habillements de cette nation ; on n'y voit que des lambeaux de cette histoire. Et qui osera assurer qu'ils sont tous de la plus grande fidélité ? Tous les anciens artistes ont-ils été moins jaloux de faire briller leur talent et leur goût, que de nous transmettre la pure vérité ? Aucun d'eux n'en a-t-il jamais sacrifié la moindre partie à la beauté et à l'élégance des formes que sa fantaisie peut lui avoir suggérées ? A juger des costumes sortis des mains de certains d'entre eux, par ceux qui sont travaillés par quelques-uns de nos modernes, on doit craindre que la vérité n'en ait été altérée. Qu'on jette les yeux sur la coeffure de la statue équestre de Louis XV, qui est en cette ville, et sur celle de la plupart des monnoies de cet auguste prince, ne sera-t-on pas obligé de convenir que ces coeffures ne sont ni celles d'aucune des cérémonies publiques auxquelles ce monarque a présidé, ni celles de sa vie privée ? Si je me transporte dans la ville de Médicis, j'y trouve une statue antique revêtue d'une toge qui, depuis ses épaules jusqu'à ses pieds, a trois fois sa hauteur [16]. Y a-t-il jamais eu des Romains qui aient porté des toges aussi longues ? un vêtement de cette longueur n'est-il pas une exagération manifeste de l'artiste ? Que Lens, pour justifier que la toge romaine avoit cette longueur, ne me dise pas qu'Horace reproche à un affranchi de son temps de balayer la rue sacrée avec une toge de six aunes [17]. Je lui répondrois qu'en me présentant ainsi le texte de ce poète, il le corrompt [18], et qu'une telle longueur n'a jamais été taillée que par le ciseau de l'artiste.

Quand même les monuments chromatiques, numismatiques, lapidaires, anaglyptiques, et cataglyptiques des Romains, m'auroient présenté un corps complet et très fidele du costume de leurs coeffures et de leurs habillements, je l'aurois regardé comme très insuffisant pour mon travail. Ces sortes de monuments sont muets sur les différences et les marques que je cherche; ils les indiquent, mais sans les nommer, et encore moins sans les expliquer: il faut recourir aux auteurs anciens grecs et latins qui les ont vus naître, ou qui sont venus peu de temps après eux, pour en obtenir l'explication. Mais dans quel embarras et dans quelle obscurité ne se trouve-t-on pas alors ? Il y en a peu parmi eux qui définissent ou qui décrivent les costumes dont ils parlent. Ceux qui ne le font pas, jettent leurs lecteurs au milieu d'une foule de monuments, avec de simples noms dont ils leur abandonnent l'application qui est assez souvent très difficile: ceux qui le font, ou ne parlent pas toujours clairement, ou se contredisent eux-mêmes par fois, ou sont contredits par d'autres, ou enfin sont mutilés ou interpolés par des copistes ou des scholiastes ignorants ou de mauvaise foi. Quel parti prendre, ou dans cette disette de lumieres, ou dans ces chocs de descriptions ? C'est de détruire, autant qu'on peut, les assertions des modernes qui ne sont pas fondées, et de n'en avancer aucune soi-même sans avoir beaucoup lu et avoir comparé avec la plus grande application et la justesse la plus parfaite. Je ris avec l'Abbé du Bos [19] lorsque je vois des modernes ou isolés ou réunis en corps, tout bouffis d'arrogance, comme s'ils tenoient la lunette de Merlin, s'élancer dans les nuages de l'antiquité pour en faire jaillir vers nous quelques rayons de lumiere par des explications dont leur présomption fait le seul mérite, tandis qu'ils seroient embarrassés au milieu des allégories du château de Versailles, qui sont encore fraîches, pour en avoir la clef, s'ils n'avoient en main le livre qui les dévoile.

Il y a beaucoup de monuments antiques absolument inexplicables. Ce qui contribue à rendre impénétrable le voile que la nuit des temps jette sur eux; c'est d'un côté la perte d'une très grande quantité d'auteurs anciens qui nous auroient aidés à les expliquer; de l'autre, c'est non seulement l'infidélité dont j'ai déja soupçonné divers anciens artistes, mais encore l'ignorance de certains autres dans le costume des temps qui les ont précédés.

Plus je compare ces quatre figures avec ce que les anciens auteurs m'apprennent sur le costume et les rites du temps auquel elles ont été peintes, plus je me confirme dans l'idée que l'artiste qui les a exécutées a plutôt suivi son caprice en les peignant, qu'il ne s'est plié aux loix du costume selon lequel il devoit les peindre : à moins que les copies qui en ont été faites en différents temps à Rome, et d'après certaines desquelles celles de cet ouvrage sont gravées et coloriées, ne soient aucunement fideles.

Si j'avois déja mis au jour quelque morceau sur les antiquités, je ne diroit rien de plus sur ces figures que ce que je viens d'observer contre elles : mais comme on pourroit soupçonner que je ne renonce à leur explication qu'à cause que je n'ai pas assez profondément étudié cette partie, je vais l'entamer.

Vers la fin du IVe. siecle de Rome, une nouvelle irruption de Gaulois ayant tout ravagé le fer et la flamme à la main jusqu'aux portes de cette ville, jura de ne s'en éloigner que lorsque les Romains livreroient à ses desirs leurs filles et leurs femmes. Une menace aussi inouie ulcéra le cœur des Romains : mais la circonstance accablante où ils étoient leur arracha ce sacrifice. Au moment de voir ces chers et malheureux objets de leur tendresse devenir la proie de l'insolente lubricité de ces barbares, une de leurs esclaves se présente à eux : Permettez-moi, leur dit-elle, et à celles de mes compagnes qui me suivront, de nous coeffer et de nous vêtir les unes comme vos filles, et les autres comme vos femmes; nous irons dans le camp ennemi vous sauver l'ignominie d'un aussi abominable sacrifice, en trompant les Gaulois par cette ruse.

Que cette histoire, qui nous est transmise d'après Aristide de Milet par l'auteur des Paralleles, sous le nom de Plutarque [20], et qui donna naissance dans Rome aux noces caprotines, dont l'auteur du Monde Primitif ne fait point mention dans son histoire du calendrier [21], soit vraie ou fausse; peu importe : il n'en résulte pas moins que les vierges et les dames romaines étoient depuis plusieurs siecles coeffées et vêtues différemment. C'est ce qu'on voit aussi dans Macrobe [22], qui raconte la même anecdote, mais en prêtant aux Latins et non aux Gaulois une menace aussi outrageante.

Les vierges romaines avoient la faculté de porter des couronnes, mais simples : Ovide l'atteste [23]. De quoi étoient-elles ? Je l'ignore. En Grece, où les vierges jouissoient du même privilege, ces couronnes, dans l'adolescence, étoient de petits rameaux de pin; mais lorsque l'hymen s'apprêtoit à allumer pour elles son flambeau, elles étoient de myrte ou de fleurs [24].

Les dames romaines dans leur parure civile ne portoient des couronnes que le jour qu'elles disoient adieu à leur virginité, et ces couronnes étoient doubles [25].

Les vierges romaines ne mettoient sur leur tête aucun voile [26], pas même aux funérailles de ceux dont elles avoient reçu le jour [27]. A s'en rapporter à Saubert [28], on diroit qu'elles étoient voilées : il s'explique mal, et il cite d'une maniere très infidele [29]. Crusius, son nouvel éditeur, masqué sous le nom de Crénius [30], auroit dû éclaircir son texte en cet endroit, et en mieux rectifier les citations [31].

Turpilius, poète comique latin, décédé en la CLIX[e]. olympiade [32], nous présente dans un fragment de ses œuvres [13] une vierge romaine portant un voile appellé RICULA [14]. Ce fragment ne peut s'appliquer au costume civil des vierges; il ne doit s'entendre que de quelque cérémonie de religion.

Les vierges de Lacédémone [15], quoi qu'en dise Théophile Raynaud [16], celles de l'Hibernie [17], les lombardes [18], et peut-être les gauloises [19], étoient aussi sans voile.

Les vierges romaines avoient-elles emprunté ce costume de celles de Lacédémone? Cela peut être; mais je ne l'assurerai pas. Ce qui est sûr, c'est que si les lacédémoniennes étoient parentes des juives, ainsi que Joseph le prétend [40], elles ne les avoient pas imitées en se montrant au public la tête découverte, puisque les vierges juives [41] étoient voilées. Il en étoit de même des carthaginoises [42]; c'est ce que Christophle Hendreick [43] et les auteurs de l'histoire universelle en anglois [44] auroient dû observer.

Les longs usages, à moins qu'une main barbare n'emploie le fer pour les extirper d'un seul coup, ne s'abolissent que très lentement. Le christianisme étoit déja établi dans Rome depuis plus de deux siecles, et les vierges de cette ville qui l'avoient embrassé n'avoient pas encore renoncé à l'habitude d'aller sans voile: elles s'introduisoient même sous ce costume dans l'assemblée des fideles; c'est ce qui enflamma le zele du presbytere [45]. Ses exhortations n'eurent pas un merveilleux succès. Parmi les vierges qui paroissoient sous un voile dans le lieu saint, il y en avoit plusieurs qui n'en faisoient qu'un ornement de galanterie. Tertullien, emporté par sa véhémence africaine, c'est-à-dire très outrée, leur en fait un reproche amer dans son traité.... DE VELANDIS VIRGINIBUS [46].

Le nouveau costume exigé dans la maison du Seigneur ne changea pas le costume civil des vierges. Un auteur ecclésiastique du VIIe siecle, sous le nom d'Aldhelme ou Adelme [47], en parlant de la mode suivie par les vierges de son temps, ne dit pas qu'elles fussent voilées [48].

Si l'on voit des vierges avec un voile dans les livres d'Optat de Mileve, qui florissoit environ trois siecles avant cet Adelme [49], ce ne sont pas celles qui aspiroient à l'état conjugal, mais celles qui avoient fait vœu de virginité [50]. Le voile dont il y est question n'est pas celui de la vie civile; c'est un voile consacré par la religion chrétienne. Jean-Isaac Pontan s'est trompé en ne datant pas même du temps de Saint Augustin, qui est postérieur de plusieurs années à celui d'Optat, l'établissement des vierges sacrées [51]. Cet établissement avoit commencé en orient près de cent ans avant Optat, et même celui des monasteres de ces sortes de vierges. C'est ce que l'académicien de Valois et le rédacteur de l'Histoire de l'Académie des Inscriptions [52] n'ont pas su. La premiere vierge sacrée n'est pas la vierge Synclétique, comme le dit Mézeray [53], mais c'est la vierge Basilice [54].

Ceux qui seroient curieux de vérifier si Jean Albert Fabricius ne donne pas dans son BIBLIOGRAPHIA ANTIQUARIA l'esquisse de ce que je viens de dire sur les couronnes et le voile de certaines vierges de l'antiquité, peuvent s'en dispenser: je les préviens qu'ils n'y en trouveront pas la moindre trace [55].

Si les vierges romaines étoient sans voile, il n'en étoit pas de même des dames; elles ne sortoient jamais de chez elles sans avoir la tête voilée [56]. Cet usage datoit de l'origine de Rome: il étoit encore si sévèrement gardé dans le VIe. siecle de sa fondation, que Sulpicius Gallus fit divorce avec sa femme pour l'avoir trouvée sans voile hors de sa maison [57]. On ne peut pas dire que cet usage se fût affoibli sous les premiers empereurs, sous lesquels ces peintures ont été faites.

Les médailles nous présentent, pendant plus de deux siecles après eux, diverses impératrices avec un voile sur la tête. Si elles en offrent dans le même intervalle beaucoup d'autres sans voile, ce n'est pas à dire que ce costume fût changé. Tout ce qu'on peut en inférer, c'est que ceux qui avoient la direction des monnoies ne s'opposoient pas à la licence que prenoient les graveurs pour exécuter de plus belles formes [58]. Quand l'art marche seul, il instruit très peu sur les mœurs et les usages des peuples: il ne peut se passer du flambeau de l'histoire; si elle le lui refuse, ses monuments en ce genre ne peuvent être des preuves incontestables que pour ceux qui sont sans critique.

Du temps de Septime Sévere, cet usage perdoit de son ancienne vigueur. Tertullien, qui florissoit sous son regne, reproche aux dames romaines de son temps de n'affecter d'être vierges que par la nudité de leurs têtes [59].

Il n'étoit pas encore éteint dans le Ve. siecle de l'ere chrétienne, puisque les empereurs d'alors, qui marchoient à grands pas vers le despotisme, exigeoient qu'aucune dame ne se présentât la tête voilée devant eux ou devant les impératrices. Mélanie la jeune eut le courage de violer cette défense en paroissant avec un voile devant l'impératrice Verine. Cette anecdote sert à relever une fausse date du dictionnaire de Moréri [60].

Avec quoi les dames romaines se couvroient-elles la tête ? étoit-ce toujours avec un voile séparé de leur vêtement supérieur, et de la couleur que les Romains appelloient LUTEUS [61], comme le prétend Alessandro d'Alessandro [62], ou avec un pan de leur STOLA [63], ou de leur PALLA [64], ou de leur CARBASUS [65], ou de quelque autre vêtement qu'elles mettoient par-dessus leurs tuniques, ainsi que le veut Nicolas Mercier [66] ? Il me paroît qu'ils n'ont raison ni l'un ni l'autre.

On voit dans divers auteurs anciens [67], et sur certains monuments, des dames romaines voilées d'un pan de leur STOLA ou de leur PALLA [68]. Alessandro d'Alessandro a donc tort.

Cicéron dans un de ses plaidoyers que nous n'avons plus, mais dont il existe encore quelques fragments, nous parle d'un voile qui étoit certainement séparé des vêtements supérieurs des dames romaines [69], et qu'on appelloit ou CALANTICA [70], ou CALAUTICA [71], ou CALATICA [72]. Ce voile, que la galanterie inquiete des dames romaines échancra en tant de façons différentes, perdit entièrement son ancienne forme dans le IIIe. siecle de l'ere chrétienne, et s'y métamorphosa en mitre [73]. Nonobstant les divers changements qu'il a subis depuis, il est venu jusqu'à nous, et les dames de la plupart des nations de l'Europe le portent sous le nom de coeffe.

Tertullien nous indique un autre voile séparé sous le nom de CALIENDRUM [74]. Ce mot a fait naître deux erreurs différentes. Les uns ont cru qu'il ne signifie qu'un voile [75], et les autres, qu'une perruque de femme [76]. Ils se sont tous trompés; il a ces deux acceptions [77].

D'après les deux voiles séparés que Cicéron et Tertullien viennent de nous faire connoître, Nicolas Mercier ne peut avoir raison.

Les dames romaines ne furent pas les seules femmes de l'antiquité qui fussent voilées. Les juives [78], les chaldéennes, les syriennes [79], les arabes [80], les persanes [81], les égyptiennes [82], les carthaginoises [83], les grecques en général [84], et principalement les lacédémoniennes [85], les macédoniennes [86], et les chélidoniennes [87] que Rhodigin et Kirchmann ont confondues mal à propos, l'un avec les chalcédoniennes [88], et l'autre avec les calédoniennes [89]; enfin les siciliennes [90], les germaines [91], les espagnoles [92], et les hibernoises [93], étoient aussi voilées.

Je ne dis rien des gauloises, parceque beaucoup d'auteurs anciens et modernes que j'ai sous la main touchant les mœurs des Gaulois, ne m'apprennent rien là-dessus. Les Antiquités de Montfaucon que je n'ai pas, et que le poids journalier des études, sous lequel je suis accablé, m'empêche d'aller vérifier dans les bibliotheques de cette ville, contiennent peut-être quelque monument sous le même costume. Ceux qui les ont, les vérifieront pour moi, si tel est leur bon plaisir.

Ces figures ne sont pas voilées. Si l'on concluoit de là qu'elles sont des figures de vierges, on concluroit très mal. Il est indubitable qu'elles sont des figures de femmes. Le caprice et la mal-adresse du peintre ne doivent pas nous entraîner dans une conséquence si contraire à la vérité du sujet. Pour faire des têtes plus agréables, il en a supprimé une différence caractéristique: il n'a réussi qu'à se rendre méprisable. La peinture n'a pour objet que la vérité. La fantaisie de l'artiste qui s'en écarte, si elle sert à faire briller son talent, décele en même temps son peu de génie. Quand même le sujet qu'on lui donne à représenter ne seroit que fabuleux, il n'a pas le droit d'omettre à son gré ce qui doit caractériser les professions et les états des personnages qui doivent entrer dans sa composition. En supposant que ces figures représentent des vierges, elles devroient non seulement être voilées, mais encore avoir des couronnes, à cause de la cérémonie dont elles retracent le souvenir, et que je désignerai ci-dessous.

Les vierges romaines ne partageoient pas, comme les vierges gauloises et les dames romaines [94], leurs cheveux au milieu du front [95] : elles les portoient, ainsi que plusieurs autres vierges de l'Orient [96], de la Grece en général [97], de Lacédémone en particulier [98], et de la Germanie [99], épars et flottants sur leurs épaules, et sur leur PATAGIUM [100]. Elles en terminoient la pointe, quand cela leur plaisoit, par des boucles appellées CINCINNI [101], et formées par une aiguille ou de roseau, nommée CALAMIDE [102], ou de fer, dont le nom étoit CALAMISTRE [103]. Quelquefois elles ramenoient leurs cheveux, s'ils étoient assez longs, depuis leur PATAGIUM jusqu'au sommet de leur tête, où elles les arrêtoient par un nœud [104], dont l'ancienneté étoit déja bien reculée, puisque les femmes de la Grece nouoient leurs cheveux du temps d'Homere [105]. Cette maniere de relever les cheveux s'appelloit chez les vierges romaines CORYMBUS [106], chez les jeunes garçons SCORPIUS [107], chez les femmes CORYMBIUM ou TUTULUS, et chez les hommes CROBULUS [108].

La premiere de ces coeffures faisoit donner aux vierges romaines le nom de CINCINNATÆ; et la seconde, celui de CIRRATÆ [109]. Ceux qui chercheront dans les auteurs anciens, et dans la plupart des modernes, la différence qu'il y avoit jadis à Rome entre les boucles de cheveux appellées CINCINNI, et celles qui y étoient nommées CIRRI, auront beaucoup de peine à la trouver, et à accorder les anciens avec les modernes, et les uns et les autres entre eux [110]. Tant il est vrai que les noms sans explications, et les objets sans noms, n'engendrent que des disputes sans fin; et que plus on veut s'enfoncer dans l'antiquité, plus on se précipite dans des broussailles qui en rendent l'étude très pénible, pour ne pas dire entièrement désespérante.

Lorsque les vierges romaines étoient averties par leurs parents, ou par ceux que la loi avoit substitués à leur place, de se préparer au sacrifice de leur couronne virginale à Vénus [111], elles cessoient de porter les cheveux épars, qui étoient un des symboles de la virginité [112].

Pour ce qui est des bandelettes, elles avoient le droit d'en porter [113]; mais elles ne pouvoient en mettre qu'une sur leur coeffure, et elle ne devoit y former qu'un simple tour [114]. Cette sorte d'ornement de tête ne leur étoit pas particulier. Les prêtres, les prêtresses, les poètes, ceux qu'on conduisoit au supplice, les temples, les autels, les victimes, les vaisseaux qui sortoient des ports, ou qui y rentroient après une heureuse navigation, les flambeaux nuptiaux, les prix des jeux, les arbres consacrés pour certains jours, &c. étoient ornés ou entourés de bandelettes. C'est ce que Dempster [115] répete d'après un commentateur de la Thébaïde de Stace.

Les dames en portoient aussi: mais ce ne fut que dans le IIIe siecle de la fondation de Rome, que ce privilege des prêtresses et des vierges leur fut communiqué. Comme, vers l'an 264 de l'origine de cette ville, la mere et la femme de Coriolan la préserverent, par leurs prieres, de sa destruction dont elle étoit menacée par les Volsques, le sénat, en reconnoissance d'un aussi grand service, ajouta aux anciennes marques qui distinguoient déja les dames romaines des femmes des libertins et des courtisanes, le droit de porter une bandelette. On est redevable d'une anecdote aussi curieuse à Valere Maxime [116]. Dempster n'auroit pas dû l'omettre, et l'abbé Nadal la défigurer [117]. Il y a lieu de croire que Tite Live nous l'avoit aussi transmise. On en voit un reste dans les manuscrits et les éditions imprimées de cet auteur [118]. Puissent les savants déterrer un jour un manuscrit de ses décades plus entier que ceux qui sont connus! Cette anecdote y sera peut-être telle qu'il l'avoit écrite.

Dans la suite les dames romaines prirent une seconde bandelette. Quelle en fut la cause? elle est inconnue. On voit ces deux bandelettes des dames romaines dans Plaute [119] et dans Properce [120]. Juste Lipse [121] et Nicolas Mercier [122] n'ont pas manqué de les y appercevoir: elles sont échappées à l'abbé Nadal [123] et à Lens [124], qui n'en ont mentionné qu'une. Cellarius et le Fevre de Morsans n'ont pas pris la peine de parler des bandelettes des dames romaines. Ce que Kippingius [125] et Niewpoort [126] en ont dit ne mérite pas d'être lu.

Les vierges romaines pouvoient porter non seulement une bandelette dont le tissu étoit uni, de la couleur qui leur plaisoit le plus, mais encore une bandelette ou brochée ou brodée d'or, ou toute de fils d'or; et il leur étoit de plus permis d'enrichir l'une et l'autre de perles et de pierreries [127].

Les bandelettes étoient interdites aux courtisanes [128]; mais elles se paroient, ainsi que les esclaves [129], de la mitre phrygienne qui leur avoit été abandonnée par les dames [130].

L'abbé Nadal, se scandalisant mal-à-propos, ne devoit jamais dire dans un mémoire académique que nos pontifes ecclésiastiques ont emprunté des prostituées de l'ancienne Rome l'ornement dont ils parent leur front dans les augustes et sacrées cérémonies de notre religion [131]. C'est ce qui prouve qu'il étoit très peu versé dans la connoissance de l'antiquité. N'est-il pas bien surprenant qu'il ait osé, au milieu d'une assemblée de savants, lancer un sarcasme qui ne peut provenir que d'une causticité très déplacée et d'un apédeutisme des plus étranges? Comment a-t-il pu ignorer qu'il y avoit jadis une quantité de nations où les dames portoient la mitre [132], et un grand nombre d'autres où les hommes la portoient aussi [133]? Lens a eu raison de relever l'abbé Nadal là-dessus; mais en le relevant il devoit le faire d'une maniere plus savante et plus juste [134].

Si l'abbé Nadal étoit si jaloux de trouver dans l'antiquité païenne un modele de la mitre de nos évêques, que ne recouroit-il à celle de la déesse de Syrie? Elle en avoit exactement la même forme, et qui plus est, les habits de cette idole avoient une ressemblance parfaite avec ceux dont nos évêques se parent dans nos fêtes les plus solemnelles [135]. Mais si ce trait d'antiquité lui étoit inconnu, que ne choisissoit-il parmi les ornements de tête de tous les pontifes de toutes les nations profanes? Ne portoient-ils pas tous une mitre [136]? Est-il besoin de savoir quelle en étoit la forme? Quoique l'abbé Nadal eût toujours eu tort dans l'un ou l'autre de ces deux choix, il eût été un peu plus excusable.

Les pontifes hébreux portoient sur leur front une marque distinctive [137]: voilà celle que le respect dû par l'abbé Nadal à son état lui indiquoit pour modele. Je devine sa démangeaison; il a voulu absolument que nos prélats n'aient été, dans leur coeffure sacrée, que les singes du sexe. Il devoit au moins se borner à dire que ce fut peut-être à l'imitation de nos vierges chrétiennes du IVe siecle [138], que nos prélats du VIIe commencerent aussi à décorer leur front d'une mitre [139]. Au reste, il n'est pas sûr que ce mot ait l'origine que l'auteur du Monde primitif lui assigne [140]; il n'a certainement pas les acceptions françoises qu'il lui prête [141], et il est très faux que les Latins l'aient employé, ainsi que Lens le prétend, à signifier les bandelettes des vierges et des dames romaines [142].

Lorsque les vierges obtenoient la permission de porter des pendants d'oreilles et des bracelets, c'étoit un signe certain que le FLAMMEUM [143] devoit bientôt voiler leur tête. Si l'on veut des garants de cet usage, ce n'est ni à Kippingius, ni à Cellarius, ni à Vaslet, ni à Niewpoort, ni à le Fevre de Morsans, ni à Lens, mais c'est à Gaspard Bartholin, qu'il faut les demander [144].

Elles contenoient leur sein par une bandelette qu'on nommoit STROPHIUM [145], et qui étoit interdite aux dames [146]; c'est pour cela que Catulle lui donne le surnom de virginale [147]. Je ne sais pourquoi Lens a pris cette bandelette pour une ceinture, qu'il a identifiée avec la ZONA et avec la CASTULA [148], et pourquoi l'auteur du Monde primitif l'a nommée gorgerette [149]. Elles le couvroient encore d'une piece appellée CAPITIUM [150], que Bayfius et Charles Étienne son abréviateur ont cru mal-à-propos avoir été un manteau de femme [151], et dont l'auteur du Monde primitif a donné quatre acceptions qui sont toutes fausses [152].

Des trois tuniques qu'elles portoient [153], il y en avoit une qui caractérisoit leur état, et qui leur étoit absolument propre: on la nommoit SUPPARUM [154]. L'auteur du Monde primitif, presque toujours détourné du vrai par son amour éperdu pour les étymologies, a encore forgé à ce mot une acception entièrement étrangere aux auteurs latins du haut âge, et a métamorphosé cette tunique des vierges en une mante ou voile de femme [155].

C'étoit sur cette tunique qu'elles mettoient la prétexte [156]. Les dames l'avoient portée jadis [157]; mais, depuis qu'elles eurent pris la STOLA, elles y renoncerent, et la céderent aux vierges [158]. Cette renonciation n'eut cependant lieu que pour l'ordre civil; elles la reprenoient dans certains sacrifices [159]. Les servantes s'en servoient aussi dans la célébration des noces caprotines [160]. Les vierges s'en dépouilloient la veille de leurs noces, et elles la consacroient dans l'intérieur de leur maison à la fortune virginale [161] : elles offroient en même temps aux Lares ou à Vénus leur STROPHIUM, leurs poupées, et non pas leur BULLA, comme le dit N. Mercier [162]; et elles se revêtoient d'une robe qu'on appelloit VESTIS RECTA [163]. Au reste, que d'erreurs sur l'origine [164], la forme [165], la couleur [166], le tissu [167] et la bordure de la prétexte [168] ! Combien d'autres sur ceux qui avoient le droit de la porter [169], et sur l'âge auquel les mâles impuberes qui jouissoient de cette distinction la prenoient et la quittoient [170] !

Enfin les vierges romaines pouvoient porter de l'or sur leur chaussure [171], dont la couleur, du temps d'Auguste, étoit la blanche [172]. Ce fut de la Grece que le luxe de la chaussure des femmes passa dans Rome : c'étoit de l'Orient qu'il s'étoit répandu dans la Grece. Quand Alexandre le Grand alla conquérir la Perse et les Indes orientales, il fut conquis à son tour par le luxe des Asiatiques. Sophite, l'un des rois des Indes, se présenta devant lui avec des souliers ou d'or ou d'étoffe d'or, et enrichis de pierreries [173]. Les grecques une fois instruites de cette chaussure ne tarderent pas à l'imiter. Comme les exemples qui attentent à la simplicité des mœurs sont une maladie politique des plus contagieuses, les romaines devinrent bientôt les rivales des grecques dans cette sorte de luxe. On en gémit à Rome; mais l'indignation y fut à son comble lorsque Caligula étala sur son trône cette chaussure asiatique [174].

Voilà ce qui concerne le costume des vierges romaines. Mais il y en avoit différents ordres; c'est pour cela qu'il ne faut pas appliquer à toutes indistinctement tout ce que je viens de dire. Elles ne portoient pas toutes la prétexte, et chacune d'elles ne jouissoit pas de la prérogative de pouvoir faire éclater l'or, les perles et les pierreries sur ses bandelettes et sa chaussure. Cette prérogative n'étoit que pour celles d'un ordre distingué, et tel que devoit être celui des principales figures peintes sur les murs de ce sépulcre.

D'après ce costume des vierges romaines que je viens de retracer, et la simple inspection de ces figures, il est très aisé de décider qu'elles ne représentent pas des vierges. Elles n'étoient certainement pas exclues de la cérémonie dont elles conservent la mémoire : cette cérémonie est un repas sacré. Quoique les vierges romaines ne fussent pas admises, selon Varron [175], aux repas civils, elles se trouvoient à ceux que donnoient les pontifes ; témoin Macrobe [176], dont Stuckius a estropié le texte, et auquel il a fait un faux renvoi [177]. A plus forte raison pouvoient-elles se trouver à ceux qui étoient consacrés aux dieux. Il y avoit dans Rome des cérémonies qui étoient dévolues exclusivement aux prêtresses. Leurs maris étoient obligés de s'en éloigner ; mais elles avoient le droit d'y appeler leurs garçons pourvu qu'ils fussent impuberes, et leurs filles tant qu'elles conservoient le parfum sacré de leur virginité. C'est à Denys d'Halicarnasse que nous devons ces particularités [178]. Il est hors de doute que si ces cérémonies étoient terminées par un repas sacré, les vierges qui y avoient assisté étoient du nombre des convives.

Puisque les figures qui sont sur ce mur ne sont pas des figures de vierges, elles sont donc des figures de femmes.

Mais représentent-elles des courtisanes, ou des dames romaines, ou des prêtresses ?

A leur coeffure blonde, et à sa forme, aux couleurs de leurs habits, et à la nudité de leur sein, peut-on ne pas les prendre pour des courtisanes ?

Les dames romaines, et principalement les prêtresses, portoient les cheveux noirs, du temps d'Auguste, sous l'empire duquel ces peintures ont été exécutées. Cet usage avoit commencé de s'établir à Rome dans le VIIe siecle de sa fondation. Il avoit encore toute sa force sous l'empire de Claude [179]. Servius est très précis là dessus [180]. C'est ce qu'on voit aussi dans un ancien scholiaste de Juvénal [181]. Alessandro d'Alessandro [182], Gaspard Barthius, Jean Britannicus, les freres Pithou, Wower et Denys

Godefroy [¹⁸⁵], Elias Schedius, Saubert [¹⁸⁶] et Dempster [¹⁸⁷], souscrivent au témoignage de ces deux auteurs. C'est mal-à-propos que Thiers[¹⁸⁶] et l'abbé Nadal [¹⁸⁷] le rejettent : c'est encore plus mal-à-propos que Cleffelius [¹⁸⁸], Pelloutier [¹⁸⁹], et l'auteur du Monde primitif [¹⁹⁰], donnent aux dames romaines des cheveux roux, puisque les cheveux de cette couleur étoient méprisés à Rome même par les courtisanes [¹⁹¹]. Arntzenius met une restriction au passage de Servius; mais les preuves sur lesquelles il la fonde ne sont pas concluantes [¹⁹²]. Il l'accuse aussi de se contredire; et il ajoute que Saumaise ne peut digérer cette contradiction [¹⁹³]. Si ces deux auteurs avoient consulté la premiere édition du commentaire de Servius [¹⁹⁴], cette prétendue contradiction seroit disparue à leurs yeux.

Parmi les auteurs qui donnent aux dames romaines, depuis le VII siecle de Rome jusqu'au commencement du III de l'ere chrétienne [¹⁹⁵], des cheveux noirs, il n'en est aucun qui ne se borne à dire que ce fut pour se distinguer des courtisanes, qui avoient eu l'insolence de rivaliser avec elles pour la coeffure blonde. Il est certain que jusqu'alors cette coeffure avoit été en très grand honneur à Rome [¹⁹⁶], puisque les dames avoient seules le privilege de la porter. Mais en l'abandonnant aux courtisanes, pourquoi choisirent-elles la noire? fut-ce à cause qu'on donnoit les cheveux noirs à différentes divinités et héroïnes de l'antiquité? Mais on donnoit aussi les cheveux blonds à certaines déesses et femmes célebres [¹⁹⁷]. Je crois au contraire que les dames romaines adopterent de préférence cette couleur pour marquer à leurs maris leur fidélité conjugale. Chez les anciens, le noir étoit non seulement le signe de la douleur, mais encore celui de la constance [¹⁹⁸]. Il ne faut pas s'imaginer que depuis cette révolution dans le costume des coeffures des dames romaines, elles portassent toutes des cheveux parfaitement noirs : elles identifioient les couleurs qu'elles nommoient CŒRULEUS, HYACINTHINUS, CYANEUS, MYRTEUS, &c. avec la noire [¹⁹⁹]. Il en étoit de même des courtisanes; quoique les cheveux blonds fussent devenus leur signe caractéristique, elles remplaçoient quelquefois cette couleur par celles qu'on nommoit VIRIDIS et GLAUCUS [²⁰⁰].

Comme les dames romaines et les courtisanes n'avoient pas toutes naturellement les cheveux des couleurs qui étoient propres à l'état de chacune d'elles, elles avoient recours à diverses recettes pour les teindre. Si l'on desire les connoître, on les trouvera dans Galien [101], dans Pline [102], dans Rhodigin [103], dans Meursius [104], dans Rangon [105], dans Mezeray [106], dans Thiers [107], dans Duport [108], dans Arntzenius [109] et dans Cleffelius [110].

On peut joindre à ces auteurs Valmont de Bomare, qui dit que la décoction des feuilles du lierre en arbre teint les cheveux en noir [111]. Ces recettes étoient encore en usage chez diverses nations dans le dernier siecle. La Mothe le Vayer rapporte que les dames de Venise et de Raguse teignoient de son temps leurs cheveux, les unes en noir, et les autres en blond [112]. On fait remonter l'ancienneté de la teinture noire des cheveux à Médée. Cela peut être, mais le croira qui voudra [113].

Les dames romaines et les courtisanes auxquelles ces recettes ne plaisoient pas, employoient des poudres [114], ou bien elles portoient des perruques qui avoient les couleurs qui leur étoient affectées.

L'auteur du Monde primitif a cru devoir se féliciter de son étymologie des perruques [115], mais elle avoit été déja donnée par divers auteurs plus de deux siecles avant lui. Nous n'avons chez la plupart des auteurs modernes que des erreurs sur l'origine des faux cheveux. L'auteur du Monde primitif la fait remonter aux temps des Grecs et des Gaulois, sans en indiquer la date [116]. Winckelmann la met un peu avant le temps d'Hannibal [117]. Saint-Foix la fait venir de la Phénicie, et lui donne la plus haute antiquité sans en fournir aucune preuve [118]. Xénophon dans sa Cyropédie [119] nous fait voir des perruques chez les Medes; mais elles sont antérieures au regne d'Astyage sous lequel il nous les présente, et elles ont été inventées par une autre nation que celle des Medes, puisque Cléarque, qui florissoit après lui [120], en attribue l'invention aux Japygiens. Athenée nous le certifie [121]. Antoine Galatheus [122] et Thiers [123] le répetent d'après Athenée; mais Rangon [124], sans vérifier son texte, s'en est rapporté à la citation que Galatheus en a faite.

La chûte de l'empire romain en occident n'y entraîna pas celle des perruques. Je ne crois pas que leur usage ait cessé dans nos Gaules, et il est indubitable qu'elles sont plus anciennes en France qu'on ne l'a cru jusqu'à présent. L'abbé le Gendre [115], le Grand [116], les auteurs des histoires des inaugurations des rois, &c. [117], et des modes françoises [118], les journaux des savants et de Verdun [119], ne les datent que du regne de Louis XIII : ils se trompent tous. Turnebe mort en 1565, et Louise Labé décédée un an après, parlent des perruques des dames françoises de leur temps [120]; et Coquillard, qui florissoit dans le siecle d'auparavant, nous y fait voir celles des hommes [121].

Ces observations me font espérer que l'auteur de l'almanach de Gotha, qui s'est avisé l'année derniere de parler de mes éclaircissements sur l'invention des cartes à jouer, d'une maniere aussi peu judicieuse que malhonnête [122], puisera dans de meilleures sources les époques qu'il donne à certaines inventions, et qu'il ne fixera plus en 1620 celle des perruques en France [123].

Jean Albert Fabricius cite dans son BIBLIOGRAPHIA ANTIQUARIA plusieurs auteurs qui ont écrit sur les perruques; mais il en omet quelques autres [124].

Ce n'étoit pas seulement par les couleurs de leur coeffure que les dames romaines se distinguoient des courtisanes : elles portoient les cheveux plus longs qu'elles [125]; et de plus, elles ornoient leurs têtes de diverses tresses de cheveux ou naturels ou empruntés. Plaute en parle dans son MILES GLORIOSUS [126], et non pas dans sa CASINA, comme le dit Nicolas Mercier [127]; mais il n'en détermine pas le nombre. Festus supplée à son omission, et il nous apprend qu'elles étoient au nombre de six [128]: il ajoute que comme les vestales, qui en portoient aussi, en avoient fait un des symboles de leur virginité, les dames romaines, en les empruntant d'elles, en firent pareillement un signe de leur attachement inviolable pour leurs maris : mais il ne dit pas que les vestales en portassent le même nombre. Je crois pouvoir soupçonner le contraire, voici mon motif:

La philosophie pythagoricienne, qui depuis son origine fut fort en vogue à Rome jusqu'au sixieme siecle de sa fondation, avoit consacré le nombre six aux noces et à la génération [139] : ce nombre ne convenoit donc pas aux vestales, mais il convenoit parfaitement aux dames romaines. D'ailleurs il étoit bien juste que les vestales, qui jouissoient seules auparavant du privilege de porter ces sortes de tresses, conservassent au moins, après qu'il eut été communiqué aux dames romaines, une distinction dans le nombre qui fut décerné aux unes et aux autres. La philosophie pythagoricienne ayant été chassée de Rome dans le même siecle [140], il y a apparence que ce fut avant cette révolution que les dames romaines prirent ces six tresses. Quoique cette philosophie fût expulsée, elles ne renoncerent pas à ce nombre, puisqu'il m'a semblé le voir plusieurs siecles après sur la tête de diverses impératrices romaines que les médailles m'ont offertes [141]. Les couleurs des vêtements de ces figures sont celles des femmes des libertins et des courtisanes. On n'a qu'à les confronter avec celles qu'Ovide leur assigne; on verra entre elles une parfaite conformité. Deux auteurs interprétant les vers d'Ovide auxquels je renvoie [142], sont d'un avis contraire; l'un est Pignorius [143], et l'autre Octavius Ferrarius [144] : celui-là prétend que les couleurs dont Ovide parle sont celles des vêtements des dames; celui-ci le nie.

Dans ce choc il n'y a pas à balancer : Pignorius ne fait qu'effleurer ce qu'il dit là-dessus, et n'est pas si versé que Ferrarius sur les habillements des anciens. Son avis ne me paroît donc d'aucun poids, et c'est celui de Ferrarius qui prévaut chez moi.

Il n'y a qu'une de ces figures qui ait un vêtement de dame : c'est celle qui a un manteau de pourpre. Mais comme il n'est pas rehaussé d'or, il ne désigne pas plus une dame qu'une courtisane.

Quoique la pourpre tyrienne fût à Rome une marque distinctive pour les dames de qualité, elle étoit aussi tolérée chez les femmes publiques, pourvu qu'elles ne la portassent qu'en manteau [145] ou en synthese [146], et sans aucun ornement d'or [147].

Ces figures ont une partie des épaules, des bras et du sein découverte: c'étoit ainsi que les courtisanes s'habilloient [148]. On ne voyoit au contraire que le visage des dames : Horace l'assure [149]. Si ces figures ont de quoi plaire, les savants ne peuvent en retirer aucune lumiere sur le vrai costume des personnes qu'elles représentent. Quoiqu'elles aient l'air de courtisanes, je ne saurois les regarder comme telles. Ce seroit insulter à la mémoire de celui dont elles ornent le sépulcre. Y a-t-il lieu de croire que le membre d'un college sacerdotal ait ordonné, contre toute sorte de décence, qu'on peignît de pareils objets dans la demeure sacrée où sa cendre devoit reposer? Si ce Cestius avoit été un Bapte d'Athenes [150] ou un des exprêtres de notre XVIIIe siecle, qui dans leur frénésie politique veulent redresser les autels de Vénus [151], je n'aurois aucune peine à le croire ; mais je ne saurois autrement me le persuader. D'ailleurs, les bandelettes que le peintre a données à trois de ces figures détruiroient cette conjecture. Un pareil ornement de tête ne peut pas désigner des courtisanes.

Quelles sont donc les femmes qu'il indique? Sont-ce de simples dames romaines ou des prêtresses? C'est ici qu'il faut un Œdipe. Si l'on s'adresse à Piranesi, il n'hésite pas à répondre que ce sont des prêtresses [151]. Qu'on lui demande le motif qui l'autorise à les qualifier telles, il se tait. Il n'en coûte que deux mots aux écrivains tranchants pour une assertion sans preuves. Mais éclairent-ils, et a-t-on en eux la moindre confiance [151*]? Piranesi pousse la témérité si loin, que quoiqu'il n'y ait que trois de ces figures avec des bandelettes, il n'appelle pas moins prêtresse celle qui n'en a pas : c'est la joueuse des deux flûtes. Elle est non seulement sans bandelettes, mais encore sans bracelets, parceque cette autre sorte d'ornement étoit également interdite aux femmes de son état.

Il n'y a rien de si extraordinaire que de voir une joueuse d'instrument louée pour la cérémonie à laquelle elle assiste, honorée du titre sacré de prêtresse. Quel cas faisoit-on jadis à Rome de ces sortes de femmes? Piranesi n'avoit qu'à lire Gaspard Bartholin là-dessus [153], il auroit été certainement plus avare d'un titre qu'il a profané en l'appliquant si mal-à-propos. On voit donc que c'est au hasard que Piranesi donne à toutes ces figures le nom de prêtresses. Je ne puis m'empêcher d'en qualifier trois du même nom; mais ce ne sont ni leurs bandelettes, ni leurs bracelets [154], ni leur coeffure, ni leurs vêtements, qui m'y déterminent.

Les dames romaines portoient des bandelettes comme toutes les prêtresses; c'est ce qu'on a vu ci-dessus. Elles avoient des bracelets, et elles pouvoient partager leurs cheveux au milieu du front, comme la plupart d'entre elles [155].

L'usage que les dames romaines suivoient en divisant leurs cheveux en deux parties égales sur le devant de la tête étoit très ancien : il venoit des orientaux, où il étoit même permis aux vierges [156]. C'étoit avec une aiguille appellée ou DISCERNICULUM [157], ou DISCRIMINALIS [158], que les dames romaines faisoient ce partage. Gaspard Bartholin n'a connu cette aiguille que sous le second de ces noms [159]. Isaïe fait voir une semblable aiguille sur la toilette des filles de Sion [160]. Les dames romaines avoient une autre sorte d'aiguilles dont elles se servoient pour arrêter les boucles de leur frisure : elles appelloient celles-ci CRINALES. Il coûtoit fort peu à Dempster de ne pas les confondre avec celle qu'on nommoit DISCERNICULUM [161]. Quand le luxe asiatique se fut précipité, comme un torrent furieux, dans Rome, l'ancienne simplicité des mœurs y disparut aussitôt; et les dames porterent le faste si loin, que leurs aiguilles CRINALES étoient d'or, et avoient une de leurs extrémités enrichie ou d'une perle ou d'une pierre orientale de grand prix. Pignorius [162] et Gaspar Bartholin [163] ont fait graver les figures de quelques restes originaux de ce faste, conservés, de leur temps, dans divers cabinets d'antiquaires.

Ainsi ni les bandelettes, ni les bracelets, ni les cheveux partagés de ces figures, ne désignent des prêtresses. Où en trouvera-t-on? Sera-ce sous les couleurs et la forme de leurs vêtements? Non, certes. On doit se rappeller ce que j'en ai déja dit. Et qui sera l'antiquaire assez hardi pour prononcer que ces couleurs et cette forme sont sacerdotales [164]? D'ailleurs les monuments qui sont exacts [165] nous présentent-ils des prêtresses sans voile? Le peintre a eu encore la mal-adresse de n'en faire paroître aucun vestige.

Voici donc ce qui m'engage à prendre trois de ces figures pour des prêtresses; c'est qu'elles sont une allégorie du sacerdoce des épulons, et qu'elles nous retracent la principale des cérémonies pour lesquelles ce sacerdoce fut créé.

Cicéron nous dit [166] que ce fut afin que ce nouveau college sacerdotal eût la surintendance du repas sacré de Jupiter (SACRUM JOVIS EPULUM) qu'on donnoit tous les ans dans Rome à ce dieu, aux ides de novembre, lors de la célébration des jeux NATALITIES et CIRCENSES. Son institution étoit de la plus haute antiquité dans Rome; elle remontoit au regne de Numa qui en avoit chargé les pontifes [167].

C'est donc ce repas qui est représenté sur les murs de ce sépulcre. Quand on fait l'allégorie d'une dignité sacerdotale ou civile, on doit la caractériser par la cérémonie la plus auguste ou la fonction la plus relevée parmi celles qui lui sont propres. Tout autre repas qu'on voudroit voir sur ces murs ne répondroit pas, ou ne répondroit qu'en partie, au sacerdoce de celui dont ils resserrent la cendre.

Ainsi ceux qui ont pris ce repas pour un de ceux que les Romains nommoient FERALES [168], se sont trompés. Falconieri avoit déja lancé quelques traits contre cette erreur [169]. Olaüs Borrichius, qui le connoissoit particulièrement, et qui a écrit après lui sur le même sujet, m'a surpris en la faisant reparoître [170]. J'ai moins été étonné de la retrouver sous la plume de Barbault, qui paroît ne s'être guere soucié de lire Falconieri [171].

Où trouve-t-on que les épulons avoient la surintendance de ces repas pour vouloir les prendre pour la fonction la plus caractéristique de leur sacerdoce? Je défie qu'on me produise le moindre lambeau d'un auteur ancien qui le dise. Voit-on dans ce banquet l'ombre la plus légere d'un repas pour les morts? est-ce dans les mets qui y sont offerts? C'est un gâteau superbe [172] couronné de fleurs et de fruits, et bien différent de ces pâtes communes appellées LIBA, qu'on servoit aux festins funebres, et qu'on accompagnoit de feves, de lentilles, de laitue, de feuilles d'ache, de pommes, de sel, d'œufs et de bouillie [173]. Est-ce dans l'air, dans la coeffure, dans les couleurs des habits, dans celle des bandelettes et dans la ceinture des principales figures de ce banquet? Les dames, en assistant aux repas pour les morts, avoient l'air pâle et consterné, leurs cheveux étoient noirs et épars [174], et leur tête couverte d'un voile [175]; leurs habits étoient ou blancs [176] ou de couleur sombre [177]; leurs bandelettes étoient aussi ou blanches [178] ou d'un bleu foncé [179]; elles y étoient ordinairement sans ceinture [180]. En veut-on la raison ? c'est que la gaieté étoit bannie de ces repas. Plutarque nous a même conservé un proverbe là-dessus. Les gâteaux des morts, dit-il, et les lentilles, n'ont rien de réjouissant [181]. Est-ce dans la maniere dont ces figures sont à table? Il est vrai qu'elles y sont assises, et qu'on s'asseyoit aux repas pour les morts [182]. Mais les hommes et les femmes étoient assis à ceux que les Romains donnoient en l'honneur d'Hercule [183], et les femmes étoient aussi assises au sacré repas de Jupiter [184], aux banquets des déesses [185], et principalement à celui de Junon, que les éditions les plus correctes de Tacite, manuscrites et imprimées [186], appellent à cause de cela SELLISTERNE, expression que Davanzati n'auroit pas dû remplacer par celle de LETTI dans sa version italienne de cet auteur [187]. Il n'y avoit pour les dames dans ces sortes de repas, ni SCIMPODIUM, ni BICLINIUM, ni TRICLINIUM, ni STIBADIUM [188]: il est aisé d'en deviner la raison. Les usages sacrés ne changent que très rarement dans les temples. Les Romains, hommes et femmes, commencerent par se mettre à table sur des sieges. Ils tenoient cet usage des Lacédémoniens et des Crétois. Varron nous le transmet par le canal de Servius [189].

Lorsque les mœurs étrangeres se furent introduites dans Rome, les hommes y mangerent sur des lits, et cet usage duroit encore dans le Ve siecle de l'ere chrétienne [190]; mais les femmes continuerent pendant plusieurs siecles d'y manger sur des sieges. Ce ne fut que lorsque la dépravation y devint générale qu'elles se placerent sur des lits. Ce malheureux exemple fut suivi par les vestales [191]; et dans quels repas? dans ceux que les pontifes donnoient eux-mêmes pour leur inauguration [192]; c'est ce que Rosin n'a pas su [193]: mais cette licence ne pénétra jamais dans les temples [194]. On ne doit donc pas regarder comme un banquet funebre celui qui est peint sur les murs de ce sépulcre, quoique ses figures principales y soient assises. Si le banquet noir, auquel l'empereur Domitien invita les plus illustres membres du sénat et de l'ordre des chevaliers, n'avoit eu rien de plus lugubre que celui-ci, ils n'y auroient certainement pas été saisis d'une aussi horrible épouvante [95].

Puisque ce repas n'est pas un de ceux qu'on nommoit FERALES, seroit-il un des banquets qu'on donnoit dans les lectisternes? C'est une conjecture de Piranesi [96] : elle ne peut être admise. Tous les assistants, hommes et femmes, mangeoient assis aux lectisternes [97]; j'en conviens : mais ces banquets, auxquels les épulons présidoient aussi, n'étoient pas les plus solemnels de tous ceux dont ils avoient la surintendance.

Les lectisternes étoient des supplications que les Romains faisoient à certains dieux et à certaines déesses dans les grandes calamités, ou dans les crises politiques où ils se trouvoient. Les supplications n'étoient ordonnées qu'après que les livres sibyllins avoient été consultés [98]. On donnoit des banquets aux dieux et aux déesses qui étoient désignés. Ces dieux y étoient couchés sur des lits, et ces déesses y étoient assises sur des chaises [99]. En voici la liste, qu'on trouvera très écorchée dans Moreri [100], dans Kippingius [101], et dans les Mœurs des Romains [102] : Saturne, Jupiter, Neptune, Apollon, Mars, Vulcain, Hercule et Quirinus; Vesta, Cérès, Junon, Minerve, Vénus, Diane, Latone, Hora, Maïa, Juventas et non pas Juventus [103], Salacia ou Téthys [104].

Quoiqu'Hercule fût invité avec d'autres dieux à des lectisternes, on ne faisoit jamais aucun de ces banquets auprès du très grand autel qui lui étoit consacré [105]. On n'y ordonnoit que des supplications, qu'il ne faut pas confondre avec les lectisternes. Tout lectisterne étoit une supplication, mais toute supplication n'étoit pas un lectisterne [106]. Ceux qui seront curieux des cérémonies des lectisternes, doivent se défier de celles qu'ils liront dans le GENIALES DIES d'Alessandro d'Alessandro [107], et dans l'HISTORIÆ DEORUM SYNTAGMA de Lilio Giraldi [108]. Ils n'ont fait des rites particuliers décernés en diverses occurences, tantôt pour l'un et tantôt pour l'autre, qu'un rit général pour chacun d'eux. Peu contents de ce mélange, ils ont incorporé dans le même rit général les cérémonies particulieres de différentes supplications non suivies de lectisternes. C'est ce dont on peut voir la preuve en recourant à plusieurs endroits de Tite

Live, que j'indique dans mes notes [109]. Les éditeurs d'Alessandro d'Alessandro, loin de prévenir le public là-dessus, ont augmenté l'infidélité du détail de ces cérémonies par des notes dont presque toutes les citations sont très fautives [110]. Tant il est vrai qu'il y a des commentateurs qui ont la présomption de croire qu'ils applanissent la voie en la rendant plus scabreuse! Où prendre l'origine des lectisternes? est-ce dans la Chaldée [111], dans la Grece [112], ou dans Rome? C'est dans Rome seule. Quel rapport avoient avec les lectisternes, la nef du temple de Bel en Chaldée [113], et le PULVINAR consacré à la Paix dans Athenes [114]? De plus l'époque de la consécration de ce PULVINAR n'est-elle pas postérieure d'environ 23 ans au premier lectisterne célébré dans Rome [115]?

Veut-on la véritable date de ce premier lectisterne? Qu'on ne recoure pas à Kippingius [116], à Moreri [117], et à le Fevre de Morsans [118]: une chronologie de Tite Live, qui me paroît exacte [119], le fixe en l'an 354 [120]. Chrétien Erdmond Schumann a donné en 1739 un commentaire latin sur les lectisternes [121]: je ne l'ai pas sous la main, je ne sais par conséquent ce qu'il contient. S'il est dans Paris, je ne crois pas que toutes les principales bibliotheques publiques de cette ville en soient fournies. Puisque tout lectisterne étoit une supplication, voit-on des suppliantes dans l'air, la coeffure et les vêtements des figures des murs de ce sépulcre? D'ailleurs un lectisterne n'étoit qu'une cérémonie passagere et triste. Le sacré repas de Jupiter revenoit tous les ans, et se célébroit au milieu de divers jeux. Ce n'est donc pas dans un rit d'affliction et que les occurrences arrachoient, qu'il faut chercher le principal honneur du sacerdoce des épulons.

Faut-il donc que je sois condamné à ne rien approuver? j'en rends bien plus de graces au suprême auteur de mon être, pourvu que ce soit la raison qui condamne par ma plume. Falconieri prend ce repas pour un banquet donné à la suite de quelque grande victoire [122]. Un pareil événement n'est encore que passager; et il n'y a aucun festin donné pour quelque victoire que ce soit, qui puisse autant relever la dignité des épulons, que celui auquel ils devoient leur institution. Enfin ce repas seroit-il le sacré banquet de Cérès? Indépendamment de la même raison d'infériorité de ce repas à celui de Jupiter, les convives y assistoient en habits blancs [123].

Voilà mon sentiment, à ce que je crois, développé et fermement établi : il ne me reste plus qu'un mot à dire sur le lieu où se célébroit le banquet sacré de Jupiter, sur la matiere et la forme des tables qu'on y dressoit, sur les mets qu'on y servoit, sur la forme des sieges des deux déesses qui y étoient invitées, sur les prieres qu'on y récitoit, et sur les joueuses d'instruments qu'on y introduisoit.

Le repas sacré de Jupiter se donnoit dans le capitole [124]. Quoique la statue de ce dieu y fût étendue sur un lit, ce banquet ne portoit point le nom de lectisterne. Taubmann s'est trompé en lui donnant ce nom [125]. Saubert n'a pas osé relever ceux qui l'ont appelé ainsi [126]. Stuckius a eu soin de prévenir que ce banquet n'étoit pas un lectisterne [127]. Lilio Gyraldi l'avoit déja observé avant lui; mais il s'est ensuite contredit, et a entassé erreurs sur erreurs en parlant de ce repas [128].

Puisqu'un lectisterne étoit un banquet de consternation, pourquoi le repas sacré de Jupiter, qui étoit une fête annuelle célébrée avec la plus grande joie, auroit-il porté ce nom? Les erreurs ne naissent que des idées informes qu'on a sur certains objets.

Le sénat montoit au capitole lorsqu'on y donnoit ce repas, et il y avoit une table dressée pour lui. Si quelques uns de ses membres étoient désunis, cette cérémonie sacrée faisoit disparoître leur animosité, au moins à l'extérieur [129].

Il y a apparence que les tables qui étoient devant les statues de Jupiter, de Junon et de Minerve, étoient de bois. Denys d'Halicarnasse dit en avoir vu de semblables dans ces sortes de repas sacrés [130]. Ce qui est très plaisant, c'est que Stuckius, qui rapporte son passage en grec, lui fait dire qu'elles étoient de pierre [131]. Denys d'Halicarnasse n'en indique pas la forme : mais s'il faut en juger par celle qui est devant la figure de la planche XXXVIII, elles étoient rondes. Barbault n'a pas parlé de cette table [132]; et Piranesi, sans remonter à l'origine des tables de la même espece, la qualifie grotesque [133]. La forme ronde des tables à manger étoit bien antérieure au regne d'Auguste; elle datoit de la plus haute antiquité. Myrléanus l'atteste dans Athénée [134]. Les premiers peuples avoient donné cette forme à ces tables, pour qu'elles fussent le symbole de la rotondité de la terre [135]. Homere, en parlant des tables des héros de ses poëmes, ne dit pas qu'elles fussent rondes; de là Eustathe, écrivain grec moderne, s'est permis de dire qu'elles étoient longues. Je ne sais pourquoi il s'est écarté de Myrléanus et d'Athénée, et pourquoi Potter adopte son avis [136]. Plutarque assure que les tables domestiques des Grecs étoient rondes; il ajoute qu'on les nommoit, à cause de cela, des VESTA, parceque représentant la terre, qui leur paroissoit ronde, elles représentoient en même temps celle qui en étoit la déesse [137].

Les Romains se servoient aussi de tables rondes dans l'intérieur de leur maison. Celles qu'ils avoient dans leurs camps étoient ordinairement quarrées [138].

Les tables rondes ont donc une antiquité bien plus reculée que l'auteur de la version des Fabliaux en prose françoise ne le croit [139].

Quoiqu'Homere ne nous apprenne rien sur la forme des tables de son temps, il observe cependant qu'elles étoient d'un très beau poli [140].

Combien avoient-elles de pieds ou de supports? Qui osera déterminer ce nombre? Il est sûr qu'il y en avoit dans les plus anciens temps qui étoient portées par trois pieds [141]. Quand est-ce que celles d'un seul pied parurent à Rome? S'il faut s'en rapporter à Pline [142], elles étoient bien plus anciennes chez les Grecs que chez les Romains. Ce fut C. Manlius qui, après son triomphe d'Asie, les introduisit dans Rome en l'an DLXVII. Pline les appelle MONOPODIA; mais par une des plus insignes bévues, ce mot a été changé en celui de MONOPOLIA dans l'édition de cet auteur CUM NOTIS VARIORUM [143]. On ne trouve la même faute, ni dans l'édition de Nicolas Jenson en 1472, ni dans celle de Parme en 1476, ni dans celle de Pierre Danez, sous le nom de Petrus Bellocirius en 1532, que j'ai dans mon cabinet.

Tite Live avoit déja donné à ces tables d'un seul pied le même nom avant Pline [144].

Elles furent dans leur origine de la plus grande cherté, parcequ'elles étoient de bois de citronnier. Tertullien rapporte qu'un Romain en paya une 500000 écus [145]. Leonicus Thomæus [146], Jean Bruyerin [147] et Grube [148], qui ont parlé de cet arbre, n'ont pas dit un mot sur l'excessive cherté de son bois.

Les mets qui étoient servis dans ce repas à Jupiter et aux déesses n'avoient pas varié depuis son institution. C'étoient des gâteaux d'une forme particuliere, couronnés de fleurs et entourés de fruits de la saison ou mis en réserve. C'est ce qu'on peut voir sur le plat que porte la prêtresse de la planche XL. Falconieri [149] nous dit que de son temps on distinguoit parfaitement sur ce plat un gâteau et des fruits. Cette figure a été détériorée depuis, c'est pour cela que Piranesi est d'un avis contraire [150]. Mais la présomption est en faveur de Falconieri, puisque Piranesi convient lui-même que cette figure est dégradée.

Tels sont les mets que Denys d'Halicarnasse avoit vus sur les tables de divers dieux, dans les banquets qu'on leur donnoit [151].

Il ne faut pas croire que les divers colleges de prêtres, et le sénat, qui assistoient au banquet sacré de Jupiter, y fussent servis avec la même frugalité. Les dieux veulent être traités avec plus de simplicité que les hommes. Il y a environ 40 ans qu'on trouva aux environs de la pyramide de Cestius un plat de bronze de forme ovale, et garni au milieu de la figure d'une volaille ou d'un oiseau quelconque [152]. Ce plat, qui étoit certainement la marque de certains officiers employés sous le ministere des épulons, prouve que toutes les tables dont ils avoient la surintendance n'étoient pas couvertes d'une maniere aussi simple que celles de Jupiter et des déesses.

Piranesi, en parlant du siege sur lequel est assise la prêtresse de la planche XXXVIII, le traite encore de grotesque [153]. On voit dans le traité du capitole romain, donné en latin par Rycquius, diverses médailles de Trajan et d'Antonin le pieux, sur lesquelles sont frappés des sieges pareils [154]. Rycquius observe qu'on les appelloit CELLÆ, ÆDES, DELUBRA, TEMPLA, et qu'il y en avoit trois dans le capitole, l'un pour Jupiter, l'autre pour

Junon, et l'autre pour Minerve. Ainsi le siege des murs du sépulcre de Cestius, loin d'être grotesque, n'est qu'une copie de l'un de ces trois sieges du capitole, et c'est dans sa conformité avec eux que je trouve une nouvelle preuve de mon sentiment. Si ce repas n'étoit pas le banquet sacré de Jupiter, le siege de cette prêtresse n'auroit certainement pas cette forme. Qu'on jette les yeux sur le siege de la prêtresse de la planche XLI, on verra qu'il a une forme différente. D'où vient cette différence? C'est que la prêtresse de la planche XXXVIII représente une des déesses du banquet sacré de Jupiter, et que celle de la planche XLI n'a pas la même représentation.

C'étoit l'usage des anciens, et principalement des Romains, de faire des prieres avant, pendant et après les repas publics et privés [115]. C'est pour cela que la prêtresse de la planche XLI tient dans sa main le livre de prieres des épulons. Ce livre est de forme quarrée. J'en ai vu de la même forme sur divers autres monuments d'antiquité. Isaac Vossius n'en fait remonter l'origine qu'au temps d'Attale roi de Pergame [116]; il se trompe : cette forme est antérieure au regne de ce roi de plus de cinq siecles; elle étoit déja en usage chez les Juifs du temps d'Isaïe. C'est ce que je ferai voir dans un ouvrage qui sera intitulé, Histoire critique des livres, et qui servira d'introduction à mon Art de décrire les livres et de dresser les catalogues. J. Alb. Fabricius auroit dû relever Isaac Vossius, au lieu d'adopter son erreur [117].

Piranesi n'a pas parlé du livre de cette figure; il n'est pas même gravé sur la planche qu'il en a donnée [118]. Il n'y a rien de si extraordinaire, que de voir Falconieri se donner la torture et prodiguer mal-à-propos divers traits d'érudition, pour nous prouver que ce livre est un des livres sibyllins [119].

Les divers colleges sacerdotaux établis dans Rome avoient chacun leurs livres.

Ceux des pontifes étoient les grandes annales, les commentaires des choses sacrées, les fastes, les livres de cérémonies.

Les augures avoient les livres auguraux; les quindécimvirs les livres appellés FATALES, prophétiques ou sibyllins; les aruspices, les livres aruspicins, fulguraux, les rituels, et les histoires étrusques [160].

Les quindécimvirs auroient-ils confié à un épulon un de leurs livres pour le banquet sacré de Jupiter? N'est-il pas plus naturel de croire que les épulons, qui avoient la surintendance des repas sacrés, étoient en même temps chargés des prieres qui devoient s'y faire?

D'ailleurs le banquet dont il est question est celui de Jupiter: il étoit établi en forme de fête annuelle chez les Romains. Avoient-ils besoin de recourir aux quindécimvirs et à leurs livres prophétiques pour le faire ordonner? Leur ministere n'étoit réclamé chez eux que dans des conjonctures effrayantes: il ne pouvoit être requis pour la célébration d'une fête dont le retour annuel causoit la plus grande joie. Comme une erreur est ordinairement voisine d'une autre, Falconieri, pour justifier sa méprise sur ce livre, se demande pourquoi la figure qui le tient est assise [161]: et il répond; c'est qu'on s'asseyoit en augurant. Mais ce n'étoient pas les quindécimvirs qui auguroient, c'étoient les augures. Et les femmes qui étoient assises aux divers banquets sacrés dont j'ai parlé ci-dessus, et sur-tout à celui de Jupiter, auguroient-elles?

Au reste les livres fatidiques des Grecs et les Romains s'étoient si fortement multipliés du temps d'Auguste, qu'il en fit brûler environ 2000, et qu'il ne conserva que les sibyllins, dont il fit un choix [162]. Plaisante précaution! comme si tous les livres de cette sorte, qui ne sont faits que pour nuire à l'espece humaine, ne méritoient pas aussi-bien le feu que les autres. Auguste eut peut-être envie de les livrer tous aux flammes; et s'il ne le fit pas, c'est qu'il pensa en très habile politique.

Les souverains doivent se contenter d'élaguer de temps en temps avec beaucoup d'adresse et sans bruit les branches de la superstition. Ceux qui en attaqueront brusquement le tronc, seront écrasés sous sa chûte. Les déclamations de certains philosophes sur cet objet outragent la nature. Que ne la forcent-ils de changer sur le globe les organisations que nous y avons vues jusqu'à présent, et que nous y voyons encore, avant de vouloir plier chaque individu à des idées qui ne sont propres qu'à une bien petite poignée d'hommes?

La figure de la planche XXXIX ne représente qu'une joueuse de deux flûtes [163]; mais elle est bien plus curieuse et plus intéressante qu'on ne pense.

En parcourant divers monuments antiques, tels que statues, bas-reliefs, pierres gravées, médailles, j'ai rencontré assez souvent des joueurs [164], mais très rarement des joueuses de deux flûtes [165]. Le plus exécrable de tous ces joueurs que j'ai vus, est un amphicurte moulé sur une lampe sépulcrale. Je ne parlerai ni des livres où il est gravé, ni de l'état où le mettent les efforts violents qu'il fait pour enfler ses deux flûtes, de peur que les renseignements que je donnerois là-dessus ne servissent de nouvel aiguillon à la lubricité de nos Gegania modernes.

Comme ce fut principalement dans les chœurs que les anciens firent usage de deux flûtes embouchées à la fois par la même personne, ils donnerent le nom de choraules à ceux qui y étoient appellés pour en jouer [166]. Dès que ce nom leur eut été donné, ils le retinrent dans tous les autres lieux où ils furent employés [167]. Boissard a fait du nom de choraule, qui est un nom générique, un nom propre [168]. Gutberleth a relevé cette erreur [169]. Les éditeurs du SCRIPTORES HISTORIÆ ROMANÆ LATINI VETERES, imprimé à Heidelberg vers le milieu de ce siecle, au lieu de profiter de sa correction, ont fait la même faute que Boissard [170]. La république des lettres, où la vérité doit régner de la maniere la plus éclatante, est très mal administrée : faute de loix, elle laisse les erreurs se propager. Les principales académies de chaque nation devroient tenir registre des erreurs relevées : chaque erreur seroit enregistrée selon l'ordre des matieres auxquelles elle appartient : ce registre seroit ouvert à tous ceux qui voudroient le consulter, et on en feroit même tous les ans diverses lectures publiques. Si les académies se proposoient ce plan, je ne demanderois plus aux gouvernements politiques des vérificateurs d'histoire littéraire et civile. Il y a dans chaque législation politique un code des délits; l'on ne voit dans la république des lettres d'autres codes d'erreurs que de celles qui blessent ou semblent blesser la doctrine théologique : comment peut-on se flatter d'y marcher à pas ferme sur les sentiers glissants de la vérité?

Des deux flûtes que ces joueurs enfloient, l'une se nommoit la droite et l'autre la gauche. Pourquoi étoient-elles appellées ainsi? Les auteurs sont partagés là-dessus [371].

L'usage des deux flûtes s'est perdu [372]. Marsyas [373], ou Hyagnis son pere [374], les avoient inventées; elles différoient de la flûte double des anciens, que Scipione Maffei a mal-à-propos confondue avec elles [375]. Don Martin le lui reproche [376]. Si le code d'erreurs, dont je viens de parler, eût été dressé, on ne reverroit pas la faute de Maffei dans la seconde édition du Gabineto armonico de Bonanni, revue et corrigée par l'abbé Ceruti [377], et dans le Costume de Lens [378]. Les joueurs de deux flûtes se mettoient sur la bouche un bandeau qui avoit une ouverture, et portoit différents noms [379].

On les voit représentés avec ce bandeau, d'après divers monuments, dans le traité de Tibiis par Bartholin [380], dans le Gabineto armonico de Bonanni [381], dans l'histoire italienne de la poésie par Quadrio [382], &c. mais ce n'est pas sans contradiction entre eux. Bartholin et Bonanni ont fait graver un monument du capitole. Celui-là dit qu'il représente un joueur de deux flûtes, et celui-ci le prend pour un joueur de deux trompettes [383]. Des contradictions pareilles sur le même morceau d'antiquité rebutent ceux qui ont besoin de consulter les auteurs où elles se trouvent, et leur inspirent contre eux la plus grande défiance.

Si vous demandez à Barbault pourquoi l'on voit cette joueuse de deux flûtes dans le sépulcre de Cestius, vous pouvez vous attendre à une réponse bien peu satisfaisante. C'est, vous dira-t-il, à cause que les Romains employoient les deux flûtes dans les convois funebres [384]. Mais ne s'en servoient-ils pas aussi dans les sacrifices [385], et particulièrement dans ceux qu'ils faisoient au dieu Silvain [386], dans le triomphe et l'anniversaire de Bacchus [387], dans les chœurs dramatiques [388], dans les ballets pantomimes [389], dans les festins, et sur-tout dans ceux des noces [390]?

D'ailleurs sur quel texte ou sur quel monument des antiquités romaines Barbault fonde-t-il sa réponse?

S'il en connoissoit quelqu'un, il ne devoit pas l'omettre. Pour moi je n'en connois point.

Il est sûr que la flûte simple, ainsi que la trompette, avoit lieu indifféremment dans les convois funebres des Romains de tout état et de tout âge; mais en étoit-il de même des deux flûtes?

Falconieri, qui ne veut pas que les figures de l'intérieur du sépulcre de Cestius soient des figures funéraires, n'avoit pas besoin de dire que la flûte n'étoit employée à Rome qu'aux funérailles des enfants et des plébéiens [392] : il n'avoit qu'à nier que les deux flûtes servissent à cette cérémonie lugubre ; il se seroit épargné une erreur que Bartholin a raison de lui reprocher [393], et qu'Antoine de Lebrixa avoit faite avant lui [394]. Il n'avoit encore qu'à bien considérer la forme des deux flûtes de ce sépulcre; et ne les voyant ni crochues, ni recourbées [395], ni plus longues, ni plus larges que les autres flûtes [396], il auroit eu un nouveau motif pour nier qu'elles soient celles d'une pompe funebre.

Les explications des monuments antiques demandent une très grande circonspection, et une étude des plus profondes; l'omission de la moindre circonstance les rend fausses.

La flûte funéraire venoit des Phéniciens. Ils s'en servoient dans leurs lamentations sur la mort de leur Adonis. Ils l'appelloient GINGRAS [397]. Ce mot dans leur langue signifioit ADONIS [398]. La matiere de cette flûte, chez eux, étoit l'os d'une oie, appellé TIBIA [399]. Bartholin se trompe d'après Stace, en disant que son origine étoit phrygienne [400]. Il est vrai que ce fut des Phrygiens qu'elle passa dans la Carie, dans la Grece européenne, et chez les Romains; mais elle étoit en usage chez les Orientaux long-temps avant que les Phrygiens l'eussent adoptée. Macrobe, qui ne connoissoit guere que les Grecs et les Romains, ne parle que d'après les Pythagoriciens et les Platoniciens de l'invention de cette flûte [401].

Les joueurs de cet instrument s'appelloient chez les Grecs, Τυμβαῦλαι [402], et chez les Latins, SITICINES [403]. Bartholin, en renvoyant sur le second de ces noms à Agelle, se trompe dans sa citation [404].

Cette erreur est de très petite conséquence : mais en voici une autre de cet auteur, qui me paroît très étrange. Il connoissoit la joueuse de deux flûtes du sépulcre de Cestius, puisqu'il releve Falconieri sur cette même joueuse, et il s'avise de dire que les femmes de cette espèce n'étoient regardées à Rome que comme des coureuses, et avec le plus grand mépris [405]. Auroit-on peint dans ce sépulcre, avec les prêtresses qui y représentent le sacré repas de Jupiter, une femme de cette sorte ?

Qu'on se rappelle qu'il y avoit à Rome un college de joueurs de flûtes. Il existoit déja en l'an 442 [406]. Apulée paroît le désigner sous le nom de TIBICINIUM. Agelle en nomme les membres TIBICINES SACRORUM, et Julius Firmicus TEMPLORUM TIBICINES [407]. Ils mangeoient dans le temple de Jupiter après les sacrifices. Tite Live rapporte là-dessus une anecdote très curieuse [408]. C'est d'après lui qu'on la voit aussi dans Valere Maxime [409]. Les dames romaines tenoient des assemblées sur le mont Quirinal, mais ce n'étoit qu'aux jours de très grande solemnité [410]. Il y a apparence que c'étoit pour les cérémonies des sacrifices qui étoient dévolus à elles seules [411]. Dans la suite des temps, Héliogabale leur fit construire sur le même mont un édifice qu'on nomma SENACULE [412]. Elles gardoient dans le lieu où elles s'assembloient l'emblème de la génération, et elles alloient l'y prendre un jour de l'année pour le porter dévotement dans celui des temples de Vénus Érycine qui étoit hors de la porte COLLINE [413]. Lorsqu'elles y étoient arrivées, c'étoit celle dont la pudicité étoit la plus avérée qui le déposoit sur le sein de la déesse [414]. Arnobe n'a pas manqué de reprocher aux dames romaines une dévotion qui lui paroissoit si obscene [415], mais dont je soupçonne l'institution remonter aux premiers temps de Rome. C'est ordinairement dans la naissance d'un peuple qu'on dresse des autels au dieu de la génération, et qu'on établit un culte en son honneur.

Les dames faisoient à Rome des sacrifices à Junon [416]; elles offroient à Cérès les prémices des fruits [417]; elles sacrifioient à la bonne déesse [418] dont le temple étoit sur le mont Aventin [419], et à Priape [420]. C'est ce dont Tilliot ne s'est pas ressouvenu [421].

La flûte, ou la double flûte, ou les deux flûtes, étoient employées par les prêtres et les prêtresses dans tous les sacrifices. C'est ce qui est attesté par Censorin [422]. Il devoit donc y avoir aussi à Rome un college de joueuses de flûte pour les cérémonies religieuses des dames et des prêtresses. Ces joueuses devoient également manger dans les édifices destinés à ces sacrifices, des mets qui y étoient offerts. Quand il n'en existeroit aucune preuve, la joueuse des deux flûtes de ce sépulcre en seroit une des plus authentiques. On ne peut disconvenir que les femmes n'employassent la flûte dans leurs cérémonies sacrées. Boissard a fait graver un sacrifice qu'elles faisoient à Priape, et on y voit la double flûte. Comme les hommes n'étoient pas admis aux sacrifices de la bonne déesse [123], il y en eut d'assez impies pour les contrefaire. Ils exclurent de leur abominable conventicule les femmes et la flûte [124]. Il falloit donc par la raison des contraires que la flûte eût lieu dans les sacrifices que les femmes faisoient à la bonne déesse. La musique instrumentale ne déshonoroit pas les femmes chez les Grecs et chez les Romains. Il y avoit chez ceux-là des écoles publiques où elles l'apprenoient [125], et l'on trouve chez ceux-ci des inscriptions dédiées à des femmes qui s'y sont distinguées, et qui en faisoient leur profession [126]. La joueuse de ce sépulcre prouve donc non seulement que les femmes admettoient des joueuses de flûte à leurs cérémonies religieuses, mais encore que dans le sacré repas de Jupiter elles employoient les deux flûtes, au lieu que dans leurs sacrifices à Priape elles ne se servoient que de la double flûte [127]. Cette figure est donc très intéressante et très curieuse.

NOTES.

(1) Pietro-Sante Bartoli. Voyez son Traité intitulé, Veterum Sepvlcra, seu Mausolea Romanorum et Etruscorum, traduit de l'italien en latin par Alexandre Duker, dans le XII⁰ tome des Antiquités grecques de Gronovius, fig. LX, et pag. 52 des explications.

(2) Ottavio Falconieri. Voyez sa Dissertation intitulée, De Pyramide C. Cestii epulonis; et réimprimée dans le IV⁰ tom. des Antiquités romaines de Grævius.

(3) Supra crepidinis planitiem, dit Falconieri, conclave continetur XXVI palmos longum, latum XVIII, altum XIX. Voyez la col. 1464 du IV⁰ tome des Antiq. rom.

(4) Marco Carloni. Nel suo interno, sul piano del zoccolo, vi è una stanza alta palmi 19, e larga palmi 26. Voyez la page d'explications qui est à la tête des six planches gravées d'après les peintures du sépulcre de C. Cestius, sous ce titre : Pitture della piramide di Caio Cestio.

(5) En ce qu'il ne dit rien de sa longueur. Voyez la même page d'explications.

(6) Barbault. Voyez ses plus beaux Monuments de Rome ancienne. A Rome, chez Bouchard et Gravier, M. DCC. LXI. in fol. atlant. pag. 80.

(7) Olaüs Borrichius. Voyez son antiqua Urbis Romanæ facies, chap. XV ; et col. 1606. du IV⁰ tome des Antiq. rom. Parietes, dit-il, pictis candelabris, vasis vinariis, tibiis, mulierum lugentium et geniorum alatorum imaginibus pulchre illustrati. Outre la méprise que je reproche à Olaüs Borrichius sur les pleureuses qu'il a cru voir dans ces peintures, il y en a encore deux autres dans ce passage. Il est faux qu'on voie des flûtes seules dans les panneaux de ce sépulcre ; mais dans celui où l'on en voit deux, c'est une femme qui en tient une dans chaque main. Il est encore faux qu'il y ait des génies ailés sur ces murs : les figures qui y sont peintes avec des ailes sont sur sa voûte. Quand est-ce que les antiquaires s'accoutumeront à décrire les objets tels qu'ils sont ? Voilà trois erreurs en deux lignes ! Puisqu'Olaüs Borrichius renvoie en cet endroit à Falconieri, et qu'il dit l'avoir beaucoup connu dans le séjour qu'il fit à Rome, pourquoi n'a-t-il pas mieux profité de sa critique contre ceux qui ont pris les quatre femmes peintes sur les murs de ce sépulcre pour des figures funéraires ? s'il ne vouloit pas être de son avis, au lieu de renvoyer à sa dissertation, il devoit le réfuter et fonder sa réfutation sur des conjectures plus vraisemblables que les siennes.

(8) D'autres auteurs les ont prises pour des symboles d'une pompe funebre. Voyez Falconieri, ci-dessus note 2, col. 1473 et 1474 du IV⁰ tome des Antiq. rom. Je n'ai rien à ajouter à sa réfutation ; elle est très judicieuse et très juste.

(8*) Falconieri (1472) ne donne pas aux candélabres qui sont dans ces petits panneaux la même hauteur que moi. Il soupçonne au contraire qu'ils ne paroissent si hauts que parcequ'il y en a plusieurs les uns sur les autres : s'il a raison, le peintre a eu tort.

(9) Ni dans le IV⁰ tome des Antiq. rom. Voyez pag. 1461, gravure de la voûte. On a omis d'y graver les bandelettes sacerdotales qui pendent des couronnes que les femmes peintes sur la voûte tiennent dans une de leurs mains.

(10) Ni dans le XII⁰ tome des Antiq. grecq. Voyez la fig. LXIV, du Veterum Sepulcra, &c. par Pietro-Sante Bartoli.

(11) Ni dans la nouvelle édition de Marco Carloni. Voyez notre premiere planche copiée sur la sienne.

(12) Selon Varron, de lingua latina, liv. IV. chap. 25.

(13) Pline, Hist. Nat. liv. XXXIV, ch. III.

(14) Festus. liv. IIIe de verborum veterum significatione.

(15) Servius. Voyez cet auteur sur le 727e. vers du premier liv. de l'Énéide de Virgile, page 276, tome 2 de l'édit. in 8. cum notis variorum, 1680, col. 1.

(16) Isidore de Séville. Etymologiarum, liv. XX, chap. 10, tome II. de l'édit. de Virgile ci-dessus, note 14, pag. 276, col. 1.

(17) Funger. Voyez son Originationum seu Etymologici Triglotti Florilegium. Lugduni, 1628, in 4. au mot candelabrum.

(18) Gerard Jean Vossius. Voyez son Etymologicum latinum pag. 118, col. 1. tom. 1, operum in fol. Amstel. ex typogr. P. et J. Blaeu, &c. M. DCC. I.

(19) Virgile, liv. premier de l'Enéide, pag. 727.

et noctem flammis funalia vincunt.

(20) Ovid. Métamorph. liv. XII, pag. 246 et 247.

et primus ab æde
Lampadibus densum rapuit funale coruscis.

(21) Pline, Hist. Nat. liv. XXXIV, ch. 3.

(22) Selon Servius et Isidore de Séville. Voyez ci-dessus les notes 14 et 15. L'auteur de l'édition de Virgile cum notis variorum, fait dire en cet endroit à Servius qu'il y avoit au milieu de la coupe supérieure des candélabres, un fer recourbé pour retenir la chandelle. C'est ce que je n'ai point trouvé dans l'édition séparée du commentaire de Servius, imprimée en l'an 1471, in fol. par Christophe de Ratisbonne, et publiée d'abord sans l'indication de son nom propre et de la ville où rouloit sa presse. Cette édition est de toute rareté. Il y en a deux sortes d'exemplaires. Les uns n'ont que quatre distiques à la fin, et les autres en ont cinq. Ceux qui n'en ont que quatre sont du premier tirage, et ceux qui en ont cinq ne sont que du second. On lit le nom propre de l'imprimeur dans le dernier vers du dernier distique de ceux du second tirage. Ce nom est celui de Valdarfer. Les exemplaires qui n'ont que quatre distiques sont les plus recherchés et les plus rares. J'en possede un. Il n'y en a aucun ni du premier ni du second tirage dans la bibliotheque de feu M. le Duc de la Valliere.

(23) Voyez cette anecdote dans Quintilien, liv. VI, de ses Instit. oratoires, chap. III, pag. 488, edit. cum notis variorum, Lugd. Batav. ex Offic. Hackianâ, 1665, in 8. tome I.

(24) Pline rapporte qu'une Romaine appellée Gegania ayant acheté dans un encan au prix de 50000 sesterces un lot consistant en un candélabre et en un esclave bossu et de la plus laide figure, elle voulut régaler ses convives du plaisir de voir son emplette. Pour cela elle fit ordonner à l'esclave qu'elle avoit eu dans ce lot, de paroître dans la salle du festin sans aucun vêtement. Elle croyoit que cet aspect ne feroit que l'exciter à de plus grands éclats de rire; mais l'esclave n'avoit pas été maltraité en tout par la nature. A peine Gegania apperçut le don caché dont elle l'avoit généreusement enrichi, qu'elle en fit son amant et son héritier. L'esclave adora alors le candélabre qui avoit fait son bonheur. Plin. liv. XXXIV, ch. 3, pag. 494 et 495, tome III, de l'édit. cum notis variorum. Lug. Bat. Hackii. 1668.

Quoique cette Gegania n'existe plus, la lubricité de son goût pour des laquais hideux et bossus ne s'est pas éteinte avec elle. Qui sait si ce n'est pas depuis cette aventure que les amphicurtes, c'est-à-dire ceux qui ont deux éminences, l'une par devant et l'autre par derrière, passent chez certaines femmes pour des êtres si spirituels et si aimables?

Les commentateurs, qui s'appesantissent ordinairement sur chaque mot du texte d'un auteur, n'ont pas oublié de chercher à cette infâme Gegania une origine illustre. Hermolaüs Barbarus, (pag. 380, de son Castigationes in Plinium. liv. XXXIV, ch. 3, Basileæ, in 4. 1534), Etienne de Laigue ou Stephanus Aqueus (fol. rect. 350 de son comment. sur Pline, in fol. Paris, Poncet le Preux), et Dalechamp qui les a copiés, (tome III du Pline cum notis variorum in 8, pag. 494, note 3) lui ont trouvé un ancêtre qui, selon Tite Live (liv. I.) et Denys d'Halicarnasse, fut créé sénateur par Tullus Hostilius. Puisque les recherches de ces auteurs ne montent pas plus haut, je vais faire quelque chose de mieux pour cette effrénée.... Plutarque (vie de Numa), Paul Merula (de sacerdotiis Romanorum, Lugd. Bat. Petrus a Meersche, CIƆIƆCLXXXIV. in 4, pag. 22), et Thomaso Porcacchi (Funerali antichi di diversi popoli &c. in Venetia, appresso gli heredi di Simon Galignani, MDXCI. in fol. page 19), disent que parmi les quatre vestales qui furent choisies par Numa, il y avoit une Gegania, qu'Alessandro d'Alessandro, dans son Geniales Dies, pag. 107, tom. II, in 8. Lugd. Bat. ex off. Hack. 1773, et Stellart, dans son traité de Coronis et Tonsuris Paganorum, in 8, Duaci, 1625, Baltazarus Bellerus, pag. 23, ont mal-à-propos appellée Gegamia. Que celle de Pline soit de la même famille ou non, qu'importe? mais ce qui est très intéressant, c'est que la vie des grands étant le livre des mœurs du peuple, on ne sauroit trop exécrer le nom d'une femme aussi lubrique, afin de diminuer le nombre de ses imitatrices. Au reste la famille Gegania a eu cinq consuls depuis l'an 310 de Rome, jusqu'en 386. Depuis cette année, jusqu'au temps de Pline, on ne trouve plus son nom dans les fastes consulaires. La corruption des mœurs s'en étoit-elle emparée? si cela est, je ne suis pas surpris de la fureur impudique de cette Gegania; son origine s'étoit pervertie depuis près de IV siecles.

(25) Vitruve. Voyez liv. VII, ch. 5, page 242, de l'édition de la version françoise de Perrault, réimprimée in fol. en 1684.

(26) L'arc qui porte son nom. Alessandro Donati a fait graver cet arc dans son Roma vetus ac recens. Mais sa planche n'étant pas assez détaillée, on n'y voit pas ce candélabre, page 174, de l'édit. d'Amst. Janssonio Waesbergii, 1695, in 4. Reland en a donné une gravure d'après le dessein du célebre Overbeck, où il est mieux développé. Voyez à la tête de son traité de Spoliis templi Hierosolymitani, Trajecti ad Rhenum, Guilielmus Brœdelet, CIƆIƆCCXVI, in 8.

(27) Voyez la gravure d'un de ces candélabres qui sont sculptés sur des lampes sépulcrales, dans le traité de Giovan Pietro Bellori, intitulé Observationes ad veterum lucernas sepulcrales, et réimprimé dans le XIIe tome des Antiq. gr. fig. 32, pag. 102, partie IIIe, et dans le traité de Reland cité dans la note précédente, pag. 43.

(28) Antiq. grecq. tome XII, fig. 70, du Veterum Sepulcra, par Pietro Sante Bartoli.

(29) Antiq. rom. tome IV, page 1461, dans le Dissertatio de Falconieri sur la pyramide de Cestius.

(30) Olaüs Borrichius, même tome des Antiq. rom. col. 1606, et ci-dessus note 6.

---

(1) Falconieri, ci-dessus tome IV, Antiq. rom. col. 1472.

(2) Piranesi. Voy. l'explication de la planche XLVIII du IIIe tome de son ouvrage intitulé, Le Antichità romane, in Roma, M. DCC. LVI, &c. in fol. max. 4 tom. Piranesi, en prenant ces bandelettes pour des colliers, prouve qu'il ne connoît pas le fait de Démétrius, cité à la page 228 du

NOTES.

traité de Coronis, par **Paschalius**, de l'édition ci-dessous, note (22). Mais il n'est pas le premier à avoir fait cette méprise, si c'en est une. Bellori l'avoit déja faite avant lui. Voyez le n°. LXIX de l'Ordo figurarum, qui est à la tête du Veterum sepulchra, par Pietro-Sante Bartoli, tome XII des Antiq. grecq.

(3) Piranesi, même planche.

(4) Piranesi, même planche.

(5) Falconieri, ci-dessus, col. 1472 et 1474.

(6) Barbault, ci-dessus, page 80.

(7) Piranesi, ci-dessus, pl. XLVIII.

(8) Marco Carloni, ci-dessus.

(9) Voy. l'hist. de l'Art, par Winckelmann, Paris, in 8. Saillant, M. DCC. LXVI, tome I, page 148; et in 4. Leipzig, chez Jean Gottl. Jmman. Breitkopf, M. DCC. LXXXI, tome I, p. 149.

(10) Winckelmann, ci-dessus.

(11) Voy. la planche qui est vis-à-vis la page 170 de l'édition du Roma vetus et recens d'Alessandro Donati, imprimée à Amsterdam, chez les Jansson Waesberge, in 4. 1695.

(12) Voy. l'apothéose de cette impératrice, sur un bas-relief du capitole, gravé dans les plus beaux Monuments de Rome, de Barbault, pl. 59. Si les Romains ont représenté sur ce monument leur Diane LUCIFERA avec des ailes, il faut convenir qu'ils ne lui en ont pas donné sur le revers de diverses médailles de bronze et d'argent, de Faustine, de Lucille fille d'Antonin, de Julia Pia, et de Gordianus Pius. Voy. le IIIe tome du Numismata antiqua, a Jacobo Musellio collecta et edita, Veronæ, anno M. DCC. LI, in fol. pag. 178, 182, 183, 207, 208 et 243.

(13) Voyez la face orientale de ce stylobate, gravée vis-à-vis la page 13 du traité de Jean Vignole, intitulé, de columna imperatoris Antonii Pii dissertatio; Romæ, Franciscus Gonzaga, M. DCC. V, in 4: et sur la vignette qui est à la tête de l'index du Scriptores historiæ romanæ latini veteres; edente Benone Casparo Haurisio, t. III. Heidelbergæ, typis Jo. Jac. Hæner, cɪɔɪɔccxlvɪɪɪ, in fol.

(14) Voy. l'hist. de l'Art, de l'Abbé Winckelmann, in 4, tome II, page 55. Flaminio Vacca a pris ce génie de la ville Borghese pour un Apollon ailé.

(14*) On voit un génie ailé sur la voûte d'un sépulcre de la ville Corsini; il tient dans sa droite des pavots, et dans sa gauche un flambeau renversé. Voy. le XVIe n°. du Veterum sepulchra, par P. S. Bartoli, tome XII. des Antiq. grecq. page 16; et l'explication de la planche de ce n°. dans l'Ordo figurarum, qui est à la tête de ce traité.

(15) Voyez la gravure d'un monument antique de Venise, dans les plus beaux Monuments de Rome, de Barbault, pag. 84, pl. L.

(16) Cabinet de Stosch, p. 477.

(17) Voyez une de ces vignettes, à la tête du IIIe tome de l'édition de Leipsig, in 4. Cette vignette n'est qu'une copie de la gravure d'une cornaline qu'on voit à la page 477 du cabinet de Stosch. Cette gravure représente un festin antique de trois convives. On y voit un génie ailé, en forme de femme, qui porte un plat de fruits. On retrouve le même festin dans le Monumenti inediti, du même Winckelmann, n°. 201.

Voyez l'autre vignette, sur la page 117 du IIe tome de l'édit. de la version françoise de cette hist. imprimée in 8, à Paris, Saillant, M. DCC LXVI, et sur la page 353 du IIe tome de l'édition in 4. de Leipzig.

(18) Ame personifiée chez les anciens, avec des ailes. Voyez la page 300 du livre de Dom ＊＊＊ (Martin) intitulé, Explication de divers monuments singuliers qui ont rapport à la religion des plus anciens peuples. Paris, Lambert, &c. M. DCC. XXXIX, in 4.

(19) Voyez le traité de Justus Rycquius, sous ce titre, de capitolio romano, &c. Lugd. Batav. ex offic. Joan. du Vivié. CIƆIƆCXCVI. in 12, pag. 187.

Cet auteur renvoie au VIe. livre de Lucrece, et au commentaire de Servius sur le Ier. livre de l'Énéide.

Lucrece ne dit pas expreffément que la foudre ait été donnée à Junon, à Minerve et à Vulcain : il dit seulement qu'elle étoit commune à plusieurs dieux:

  Quod si Jupiter atque alii fugentia divi
  Terrifico quatiunt sonitu cœlestia templa.

page 231. Lutetiæ Paris. M. DCC. XLIV, Ant. Coustelier, in 12.

Servius, sur le vers 41 du Ier. livre de l'Énéide, ne l'approprie qu'à Junon et à Minerve. Il est vrai qu'il dit que Varron, dans le Ve. livre de l'un de ses ouvrages que le temps nous a enlevé, et qui avoit pour titre, Rerum divinarum antiquitates, libri XVI, la donnoit à quatre dieux.

(20) Voyez Mme Dacier, sur l'Odyssée, l. VIII; et l'Abbé Winckelmann, t. I, p. 148 de l'édit. in 8.

La Minerve dont parle l'Abbé Winckelmann est, selon lui, la Minerve étrusque. Il renvoie au traité de la nature des dieux, par Cicéron (l. 3, n°. 33), qui dit que la Minerve qui avoit des talonnieres étoit la cinquieme du nom, celle-là même qui avoit tué son pere, parcequ'il avoit osé attenter à sa virginité... Quinta Pallantis, quæ patrem dicitur interemisse, virginitatem suam violare conantem, cui pinnarum talaria affigunt. Voyez la page 140 de l'édition des Elzeviers, in 12.

(21) Vittoria donna senz' ali e colle ali vestita di bianco e fatta in atto di camminare in punta di piedi; cap. 9, pag. 131 du livre intitulé:

Istituzione antiquario-numismatica, o sia introduzione allo studio delle antiche medaglie, &c. In Roma, M. DCC. LXXII, nella stamperia di Giovanni Zempel, in 8.

(22) Voyez, sur l'usage de porter des couronnes dans les sacrifices, observé par les prêtres des anciens, Paschalius de Coronis, liv. IV, c. 13, p. 244 et seq. in 8. Lugd. Batav. ex offic. Joan. Verbessel, CIƆIƆCLXXXI; Joann. Saubertus, de Sacrificiis veterum, Lugdun. Batav. Jord. Luchtmans, CIƆIƆCLXXXXIX, in 8; Joan. Nicolai Phyllobolia. cap. 3, §. 3, p. 19, in 12, Francof. ad Mœnum, sumpt. Georg. Heinr. Ohrlingii, M. DC. XCVIII; Math. Brouërius de Niedek, Amst. Joh. Oosterwyk, M. DCC. XIII, in 8, pag. 281; et Ludolphi Smids Messis aurea, Amst. Gérard de Groot, in 8, CIƆIƆCCLIII, pag. 75 et 105.

(23) Sur la couronne des vestales dans les sacrifices, voyez Denys d'Halicarnasse, livre II, de ses Antiq. rom. chap. 22, tome I, page 90, édit. d'Oxford, in fol. M. DCC. IV.

Cet auteur assimile les vestales aux canistriferes des Grecs, qui, dans les sacrifices, avoient aussi une couronne sur la tête.

On ne trouve cet usage ni dans le Geniales dies d'Alessandro, p. 115; tome II, de l'édit. cum notis variorum; ni dans le traité de Coronis et Tonsuris paganorum, par Prosper Stellart, p. 29; ni dans l'histoire de la religion des anciens Perses, par Hyde. ch. 7; ni dans l'histoire des vestales, par l'Abbé Nadal, tome IV, des mémoires de l'Académie des inscript. in 4. page 171; ni enfin dans l'hist. de l'Art, de l'Abbé Winckelmann, in 4. ci-dessus, tome II, page 186.

Winckelmann a omis aussi l'épi que des vestales plaçoient dans leur coeffure, presque au milieu du front, et qu'on voit sur une médaille gravée sur la page 198 du traité de capitolio romano, par Rycquius, ci-dessus, note (19). La tête de la vestale sur laquelle on voit cet épi, est celle d'Aurelia Quirina.

(24) Dans les festins que les anciens donnoient, ils élisoient ordinairement un'roi. Voy. parmi les auteurs anciens et modernes qui ont parlé de ce roi, Plutarque dans son sympos. liv. III, probl. I; et Stuckius, dans son antiq. conviv. liv. II, c. 7, pag. 245, 246, 247. Lugd. Bat. Jac. Hackius, &c. M. DC. XCV, in fol.

En l'élisant, ils lui mettoient une couronne sur la tête, pour marque de sa royauté. Stuckius, ibid. pag. 248 et 249. Ce roi régloit l'ordonnance du festin, il en assignoit les places, il prévenoit les besoins et les goûts des convives, il mêloit ordinairement dans les propos le plaisant au sérieux ; mais il n'y affectoit aucune supériorité sur les convives. Stuckius, pag. 247, 248. Paschalius, Giuseppe Lanzoni et Schmeizel (infrà), en parlant des couronnes conviviales, n'ont rien dit de celle du roi des festins.

(25) C'étoit l'usage des convives, chez les anciens, de mettre des couronnes sur leurs têtes. Voyez Plutarque, ci-dessus, note (24); Athénée, Deipnos. l. XV; Stuckius, ci-dessus, l. II, ch. 7, pag. 248; Paschalius de coronis, liv. II, c. 3, pag. 62 de l'édit. ci-dessus, note (22); Giuseppe Lanzoni de coronis et unguentis in antiquitatibus conv. exercitatio philolog. ex ital. sermone in lat. ab Hieronymo Baruffaldo translata dans le IIIe. tome du novus thesaurus antiq. roman. par Sallengre, col. 679 = 726 ; et Schmeizel, commentatio historica de coronis, tam antiquis quàm modernis, &c. Jenæ, Joh. Martinus Gollnerus, M. DCC. XIII, in 4, pag. 17 = 28. Je parlerai plus au long de cet usage, dans une lettre que je ferai insérer dans le journal des savants ou dans l'esprit des journaux ; j'y montrerai qu'il étoit presque généralement répandu sur la surface du globe ; j'y chercherai son origine ; j'y indiquerai en quel temps du repas, par qui, et en quel nombre ces couronnes étoient apportées ; j'y mentionnerai leurs différentes especes ; j'y donnerai l'étymologie d'un ancien grammairien sur le mot COURONNE ; et j'y dirai un mot de l'inventeur des couronnes en général.

(26) Je renvoie, pour ces trois couronnes, à la lettre dont je viens de parler.

(27) Voyez, sur l'usage de couronner les morts, pratiqué par les anciens, S. Clément d'Alex. c. 8 du second livre de ses stromates ; Suidas, cité par Jean Nicolai, ch. 7, pag. 72 de son traité intitulé, de luctu Græcorum ; Marburgi Cattorum, apud Ephraimum Boucke, M. DC. XCVI, in 12 ; Rhodigin, dans son antiquæ lectiones, Basileæ, Froben, 1550, in fol. liv. IX, chap. 16, pag. 334 ; Guichard, funérailles et diverses manieres d'ensevelir des Romains, Grecs, &c. Lyon, de Tournes, CIƆ. IƆ. LXXXI. in 4, pag. 228 ; Paschalius, ci-dessus, l. IV, ch. 5, pag. 217 ; Kirchmann, de funeribus Romanorum, l. I, ch. 11, pag. 74 = 81, in 12, Lugd. Bat. apud Hackios, 1672 ; et Schmeizel, ci-dessus, pag. 43 = 47.

M. le Prince le jeune vient de parler de cet usage dans le journal de Paris (25 juillet 1782, p. 845, col. 2). Mais de tous les auteurs que j'ai cités dans cette note, il n'a fait mention que de Saint Clément d'Alexandrie. Au lieu de chercher dans ses œuvres l'endroit où il est question de cet usage, il s'est contenté de le copier d'après un auteur du siecle dernier, qui est presque entièrement oublié de nos jours ; cet auteur est Longepierre. Voyez ses notes sur les idylles de Bion, pag. 20.

Il est certain qu'un passage de Saint Clément d'Alexandrie, qui arrive aux étrangers par le canal d'un auteur françois si suranné, ne peut être que très difficile à trouver.

(28) Sur les sépulchres jonchés de couronnes, voyez Tibulle, l. III, élég. 4 ; Pline, hist. nat. l. XXI,

ch. 3 ; Plutarque, vie de Numa; Paschalius, ci-dessus, l. IV, ch. 6, pag. 221; Kirchmann, ci-dessus, note (27), liv. IV, chap. 3, pag. 494 = 496; Nicolai, de Phyllobolia, pag. 120 et 121; Schmeizel, pag. 49 et 50.

M. le Prince le jeune, en parlant des couronnes des morts, pouvoit, sans alonger ses remarques, dire un mot de celles qu'on jettoit dans les tombeaux. Voyez le journal de Paris, cité dans la note précédente.

(29) Sur le laurier consacré aussi à Bacchus, voyez Tertullien, de corona militis. Il y dit que c'est Bacchus lui-même qui est l'inventeur de la couronne de laurier. Paschalius tâche d'apporter une restriction au sens du passage de Tertullien, et veut que Bacchus n'ait été l'inventeur de cette couronne que chez les Orientaux. Voyez son traité de coronis, l. VIII, ch. 11, pag. 553 ci-dessus.

C'est ce que je ne me propose pas de vérifier ici.

Michel Gotlieb Agnethler et Ludolphe Smids ont omis d'observer que le laurier étoit consacré à Bacchus, l'un dans son commentatio de lauro, Halæ propter Salam, ex offic. Gebaveriana, in 4, sine anno; et l'autre dans sa messis aurea. Amst. apud Gerardum de Groot, cIɔIɔCCLIII. in 8. pag. 48 et 552.

Barbeyrac n'a pas fait la même omission. Voyez son traité de la Morale des Peres, pag. 80. Amst. Hotman Vytwerf, M. DCC. XXVIII, in 4, ch. 6, n°. 17.

(30) Sur les couronnes de laurier données aux morts par les Lacédémoniens, voyez Paschalius, liv. IV, ch. 5, pag. 219.

Cette observation est échappée à Schmeizel, pag. 46.

(31)   Uda fit hinc laurus, lauro sparguntur ab udâ
        Omnia quæ dominos sunt habitura novos.
                O v i d. in faſtis, l. V. v. 677 et 678.

Et pag. 231 du livre d'Henri Kippingius, intitulé, Antiquitatum romanarum libri quatuor. Lugd. Bat. Petrus Vander Aa, M. DCC. XIII, in 8.

(32) Voyez l'explication de divers monuments singuliers, &c. ci-dessus, note (18), pag. 33; et Agnéthler, ci-dessus, note (29), pag. 40.

(33) Voyez l'explication de divers monuments singuliers, même page.

(33*) Voyez Festus, dans le traité de pictura veterum, auctore Francisco Junio, in fol. Roterodami, Regnerus Leets, M. DC. XCIV, pag. 25.

(34) Saint Clément d'Alex. Stromat. liv. II, ch. 8.

(35) Cette piece est réimprimée dans le XIIIe. tome de la bibliotheque grecque de Jean Albert Fabricius. Hamburgi, M. DCC. XLVI, pag. 557 = 563. Voyez en la page 561.

Quelques auteurs l'ont divisée en deux parties. Brucker prétend qu'elle n'est qu'en une. (Hist. critica philos. tom. II, pag. 571, derniere édit.

Jean Scheffer et d'autres BIBLIOLOGUES ont cru qu'elle est réellement d'Épictete. Brucker la donne au contraire à un moine anonyme. (Ibidem.)

L'examen de ces deux opinions n'est pas de mon sujet; on le trouvera dans un ouvrage que je ferai imprimer un jour en dix ou douze vol. in 8, sous le nom de Glanures encyclopédiques.

(36) Suidas, dans le VIIe. chap. du traité de Jean Nicolai de luctu Græcorum, p. 72, ci-dessus, note (27).

(37) Rhodigin, lect. antiq. liv. IX, ch. 16, pag. 334 de l'édition ci-dessus, note (27).

(38) Paschalius, l. 4, c. 3, p. 219; et l. 6, ch. 16, p. 391.

(39) Kirckmann, de funeribus Romanorum, liv. I, ch. 11, pag. 79, édit. ci-dessus, note (27).

(40) Nicolai, ci-dessus, note (36).

(41) Schmeizel, ci-dessus, note (25), pag. 46.

(42) Paschalius, liv. 6, ch. 16, pag. 391 in fine, et pag. 392 in initio.

(43) Voyez ci-dessus, note (30).

(44) Jupiter avoit les deux sexes chez les anciens: ce dogme naquit en Orient; on le trouve chez les Chaldéens, les Phéniciens, et principalement chez les anciens Perses. Voyez Julius Firmicus Maternus, imprimé à la suite de l'édition de Minucius Felix, cum notis variorum. Lugd. Bat. ex offic. Hackiana, in 8, 1672, pag. 10 et 11.

Il passa de l'Orient dans l'Égypte et dans la Thrace, témoin ce vers orphique :

Jupiter et mas est et fœmina nescia mori.

pag. 89 du traité de Matthieu Brouër de Niedek, sous ce titre.... de Populorum veterum ac recentiorum adorationibus. Amst. Joh. Oosterwyk, M. DCC. XIII, in 8.

De la Thrace, il descendit dans la Grece: les Pythagoriciens, les Épicuriens, les Platoniciens et les Stoïciens l'incorporerent dans leur système philosophique. Voyez G. Jean Vossius, de idololatria, liv. VII, c. 6, tom. V. operum, pag. 727, col. 2, in fol.

On le voit ensuite chez les Latins. Valerius Soranus le chanta dans ses poésies que nous n'avons plus.

Ce poëte étoit lié de la plus étroite amitié avec Cicéron; c'est ce que nous apprend le Brutus de ce célebre orateur. Valerius Soranus passa de son temps chez les Romains pour le plus savant homme qu'ils eussent eu jusqu'alors. Varron, qui parut peu d'années après, fut le seul qui l'effaça par un savoir plus vaste et plus profond.

Quoique les poésies de Valerius Soranus soient perdues, Saint Augustin nous a conservé, dans le 9e. chap. du VIIe. liv. de sa cité de Dieu, deux de ses vers qui prouvent ce que j'ai avancé sur les deux sexes que les Latins donnoient à Jupiter; les voici :

Jupiter omnipotens regum rex ipse deusque,
Progenitor genitrixque deûm, deus unus et omnes.

Voyez G. J. Vossius, de poëtis latinis, c. 2, t. III operum, p. 237, col. 2.

Lilio Giraldi en a estropié le premier, tom. II operum, in f. Lugd. Batav. M. DC. XCVI, pag. 191 et 192.

Saint Augustin les a tirés d'un ouvrage que Varron avoit dédié à Jules César. Il traitoit du culte des dieux; il n'existe plus.

J'ai rapporté le premier de ces vers, et une partie du second, dans mes lettres philosophiques contre le système de la nature. Elles ont été imprimées sans nom d'auteur, dans un journal qui parut en 1770, sous le titre de porte-feuille hebdomadaire, et qui fut discontinué en 1771. Je ne voulus plus donner la suite de ces lettres, qui auroient contenu au moins six cents pages, parceque l'impression d'environ le tiers, qu'on en trouve dans les tomes III et IV de ce journal, est entièrement défigurée. Voyez-en les pages 42, 43 et 44 du IVe. tome sur les vers de Valerius Soranus.

D'après ces observations, j'aurois desiré que les auteurs de la description des pierres gravées de M. le duc d'Orléans n'eussent pas dit, pag. 81, tom. I, que la doctrine de l'arsénothélye, ou de l'arrénothélye, c'est-à-dire, de l'union des deux sexes dans les dieux, a été celle des Orientaux, plutôt que celle des Grecs. Cette note prouve le contraire. On y voit que non seulement les Grecs, mais encore les Latins ont cru que leurs dieux principaux étoient arsénotheles. C'est ce qu'on reverra dans les notes (46), (47), (48), (49). N'oublions pas, en finissant celle-ci, que le savant Cuper a donné cette doctrine comme celle de presque toute l'antiquité païenne. (Voyez la pag. 296 de ses lettres de critique, de littérature, &c. Amst. et Leipzig, Arkstée et Merkus, M. DCC. LV, in 4.) Selden avoit déja fait la même observation avant lui, dans le chap. 3 des prolégomenes de son traité de Diis Syris; et dans le premier et second chap. du premier syntagma de ce traité, p. 50, 210, 243 de l'édition indiquée dans la note suivante.

(45) La Lune... elle étoit dieu et déesse, même chez les Grecs. Macrobe rapporte dans le huitieme chapitre du troisieme livre de ses saturnales, qu'un ancien auteur grec, appellé Philocore, disoit dans ses commentaires sur l'Attique, que les hommes et les femmes faisant des sacrifices à la Lune, étoient, à cause de ses deux sexes, les uns en habits de femme et les autres en habits d'homme. Cet auteur florissoit, selon G. J. Vossius, (de hist. gr. l. I, c. 18) du temps des rois d'Égypte Ptolémée Philopator et Ptolémée Epiphane.

Avant lui, Platon, dans son banquet, avoit dit que la Lune est arsénothele. Voyez l'édit. de Jean de la Serre, tome III, pag. 190.

Platon n'a pas été le premier des Grecs à répandre cette doctrine; on le lit dans le dixieme vers de l'hymne qui est consacrée à la Lune, parmi celles qui sont attribuées à Orphée. Voy. la page 101 de la seconde partie de l'édition du Poetæ græci principes heroici carminis, donnée par Henri Etienne, en M. D. LXVI, in fol. sans indication de ville.

On voit le dieu Lunus sur diverses médailles de l'Asie mineure; il y en a une de Juliopolis, appellée auparavant Gordiucome (Pline, hist. nat. l. V, c. 32) et bâtie dans la Bithynie, qui le représente avec la barbe et avec une couronne de laurier sur la tête. Ce dieu, au lieu du bonnet phrygien, y porte un boisseau semblable à celui de Sérapis. Cette médaille a été frappée en l'honneur de Caracalla. Elle est gravée dans le trésor de Brandebourg, par Beger, tom. II, pag. 701, et sur la planche LVIII, n°. 7 du second tome du Scriptores historiæ romanæ latini veteres, ci-dessus, note (13).

Si les auteurs de la description des pierres gravées de M. le duc d'Orléans avoient fait attention à cette médaille, ils n'auroient pas dit que les antiquaires sont convenus de donner le nom de dieu Lunus à une figure de jeune homme, représentée sur les monumens numismatiques avec différents attributs dont les principaux sont le bonnet phrygien et le croissant. Voy. pag. 81.

Ils se sont encore bien plus écartés de la vérité en continuant de parler de ce dieu; c'est ce que je ferai voir dans le reste de cette note.

Avant la médaille frappée par les Juliopolitains en l'honneur de Caracalla, ceux de Cillguée avoient déja frappé un médaillon pour Faustine la jeune, sur lequel le dieu Lunus est représenté à cheval, avec cette légende: ΚΙΛΛΓΕΩΝ.

Ce médaillon est cité pag. 7, n°. 17 du catalogue des médailles antiques, modernes, &c. de la maison professe des Jésuites de Paris, (par l'abbé Grimaud). Paris, P. G. Simon, M. DCC. LXIII, in 8.

Il est d'autant plus rare, qu'on ne trouve ni dans Strabon, ni dans Pomponius Méla, ni dans Pline, ni dans Ptolémée, ni dans le Notitia orbis antiqui de Cellarius, ni dans le Nummi illustrati du pere Hardouin, ni dans le Notitia elementaris numismatum du Pere Froelich, ni dans l'Istituzione antiquario-numismatica, ni enfin dans le catalogue des villes grecques où l'on a frappé des médailles impériales, qui est dans le second tome de l'édition de la science des médailles, donnée par Bimard de la Bastie, aucun peuple de ce nom.

L'abbé Grimaud, qui a cité ce médaillon, a-t-il bien lu cette légende ? Auroit-elle porté

CIΛΛUEΩN? Etienne de Byzance place dans l'Ionie une ville appellée Σιλλυος. Strabon, Méla, Pline, Ptolémée, Cellarius, le Pere Froelich, et l'auteur de l'Istituzione antiquario-numismatica, l'ont omise. Le pere Hardouin en a rapporté quelques médailles dans son Nummi illustrati, pag. 156, col. 2. de son opera selecta. Amst. in fol. Joan. Ludov. de Lorme, M. DCC. IX.

Si l'on n'y lisoit pas CIΛΛUEΩN, y auroit-on lu ΣEΛΓEΩN? Il y avoit dans la Pisidie, selon le même Etienne de Byzance, une ville qu'on nommoit Σελγη. Pomponius Méla, Pline et la Bastie l'ont encore omise. Mais Strabon (Amst. 1707. 854, aliàs 569), Ptolémée (dans sa sixieme table de l'Asie), Cellarius (Notitia orbis antiq. t. II, Lipsiæ, ex offic. Gleditschiana, M. DCC. LXIII, in 4, p. 169), et Froelich (Notitia elementaris numism. p. 111 ou CXI), l'ont connue. C'est de Froelich que l'auteur de l'Istituzione antiquario-numismatica l'a emprunté, pag. 405.

Enfin, si cette légende n'offroit aucun de ces noms, y auroit-on trouvé ΣΙΛEIΩN? Sileium étoit une ville de la Phrygie. Etienne de Byzance en a aussi fait mention; Cellarius l'a citée d'après lui (t. II, p. 143): elle est encore échappée à Strabon, à Méla, à Pline et à Ptolémée qui n'a connu qu'une ville de Syleum, située dans l'Arabie heureuse. (Voy. sa sixieme carte de l'Asie.) Ce seroit aussi très inutilement qu'on chercheroit cette derniere ville dans Strabon, dans Méla, dans Pline et dans Cellarius.

Quoi qu'il en soit, le dieu Lunus étoit principalement adoré par les Carrhéniens, peuple de l'Osroene, nommé auparavant Anthémuse, et faisant partie de l'ancienne Mésopotamie, appellée aujourd'hui le Diarbeck. Les Carrhéniens poussoient, en l'honneur de ce dieu, la superstition si loin, qu'ils livroient à l'esclavage des femmes ceux d'entre eux qui s'avisoient de l'appeller Luna. C'est Spartien qui l'atteste dans la vie de Caracalla, ch. 6.

Parmi les auteurs anciens, Spartien n'est pas le seul qui parle du dieu Lunus; néanmoins on le prétend dans la description des pierres gravées de M. le duc d'Orléans, p. 81.

Cette prétention ne peut être vraie. Tertullien, qui florissoit environ quatre-vingt-dix ans avant, n'a-t-il pas cité le dieu Lunus? Pouvoit-il le mieux désigner que par ces mots, masculus Luna? Voy. le quinzieme chap. de son apologétique.

Selden, dans son traité de Diis Syris, reconnoît si bien dans ces deux expressions le dieu Lunus, qu'il compte Tertullien parmi les plus anciens garants qui en ont parlé; mais sa citation est fautive dans l'édition de Leipsick que j'en ai sous la main, (in 8. Joh. Colerus, M. DC. LXXII, p. 240).

De plus, ces auteurs soutiennent que le culte du dieu Lunus a pris naissance en Phrygie; le croira-t-on? Les Carrhéniens, comme plus voisins du berceau du genre humain, ne sont-ils pas plus anciens que les Phrygiens? Est-il plus naturel de voir ce culte descendre de la Phrygie dans la ville de Carrha, que de le voir passer de cette ville dans la Phrygie par les émigrations successives des premieres peuplades? Il n'est pas ordinaire qu'un peuple ancien copie le culte d'un peuple moderne. Si l'on trouve dans Carrha le dieu Lunus, il ne doit pas y être passé de la Phrygie, puisqu'on le voit aussi chez les Phéniciens qui étoient au moins aussi anciens que les Carrhéniens, et qui étoient plus voisins d'eux que les Phrygiens. Gruter a fait graver un marbre qui représente le dieu Malacbelus des Phéniciens avec une couronne sur la tête et un croissant derriere les épaules. L'abbé Renaudot n'hésite pas à le prendre pour le dieu Lunus; car, dit-il, les Phéniciens ne faisoient pas la Lune femelle. (Voyez les mém. de l'acad. des inscript. in 4, tom. II, pag. 492, et non pas 528, selon la table qui est dans le XIe. tom. de ces mémoires.) Chez les Arabes, le nom de la lune est encore aujourd'hui masculin; c'est ce qu'on peut vérifier dans la grammaire arabe d'Erpenius, et dans la grammaire turque de Meninski.

NOTES.

Comme les Arabes ont copié les Phéniciens, il est très vraisemblable que c'est d'eux qu'ils ont tiré la MASCULINISATION de cet astre. Sera-ce donc aussi de la Phrygie que le dieu Lunus sera venu dans la Phénicie? on voit encore ce dieu en Égypte. S'il faut s'en rapporter à Pietro Bongo, le nom de la lune y étoit aussi masculin. Voyez son Numerorum mysteria. Lutetiæ Parisiorum, Michael Sonnius, M. DC. XVIII, in 4, p. 126.

Je crois qu'il se trompe; Spartien dit le contraire, chap. 7. Mais il observe en même temps que, quoique les Égyptiens fissent le nom de la lune féminin, ils regardoient dans leurs mysteres cet astre comme un dieu et non pas comme une déesse.

Spartien n'en donne pas la raison: c'étoit peut-être à cause que la lune leur paroissoit faire vis-à-vis de la terre la fonction de mâle, en lui renvoyant la lumiere solaire.

Puisque les Égyptiens MASCULINISOIENT la lune, ont-ils pris cette doctrine des Phrygiens? N'étoient-ils pas plus anciens qu'eux?

Il est vrai qu'Hérodote (l. II, p. 104, édit. de Wesselingue) prétend que les Égyptiens, sous leur roi Psammétique, convinrent du contraire; mais ce qu'il dit là-dessus est une fable que les prêtres de Vulcain de la ville de Memphis lui avoient débitée. Jameson l'a réfutée à la page 288 de son Spicilegia antiquitatum Ægypti, in 8.

Quand même Hérodote rapporteroit un fait vrai, l'aveu que les Égyptiens auroient fait alors d'être moins anciens que les Phrygiens, prouveroit tout au plus qu'ils étoient moins éclairés sous Psammétique, qu'ils ne l'étoient du temps de Moïse, et que leur tradition sur leur origine s'étoit altérée. Certainement, du temps du législateur des Juifs, les Égyptiens n'auroient pas fait un semblable aveu; ils descendoient de Cham: les Phrygiens tiroient leur origine, ou d'Ascenes, ou de Togarmah, ou, si l'on veut, de Gomer. (Voyez sur l'origine des Phrygiens, Gurtler, Origines mundi, liv. I, chap. 3, §. 3, pag. 14, Amst. ex offic. Wetsteniana, CIƆIƆCCVIII, in 4; et le IVe. tome de la version françoise de l'hist. univ. des Anglois, in 4, p. 184.

Qu'on choisisse celui de ces trois chefs qu'on voudra: Cham étoit plus ancien qu'aucun d'eux; il étoit frere de Japhet, dont tous ces chefs descendoient.

En supposant encore qu'Hérodote dise la vérité, on ne pourra pas conclure que les Égyptiens avoient reçu des Phrygiens leur MASCULINISATION de la lune: si les Phrygiens la leur avoient communiquée, ils n'auroient pas manqué de s'en prévaloir dans cette prétendue dispute; et il est à présumer qu'Hérodote ne nous l'auroit pas laissé ignorer.

Voilà le dieu Lunus chez les Phéniciens et chez les Égyptiens qui sont démontrés plus anciens que les Phrygiens; pourquoi veut-on que ce dieu ait été transmis aux Carthéniens plutôt par les Phrygiens que par les Phéniciens ou les Égyptiens?

Le bonnet du dieu Lunus, que ces auteurs croient avoir été propre aux Phrygiens, et que d'autres antiquaires nomment arménien, (Jobert, science des médailles, t. I, p. 391, édit. de 1739) ne se rencontre-t-il pas sur plusieurs monuments de tout genre, travaillés chez diverses autres nations de l'Asie mineure, et dans une très grande partie de la grande Asie? D'ailleurs, ce dieu avoit-il la même figure et le même bonnet dans tous les lieux où il étoit adoré? La médaille de Juliopolis que j'ai rapportée démontre le contraire; l'attribut caractéristique du dieu Lunus étoit le croissant. Si chez les Phrygiens ce dieu étoit coeffé d'un bonnet, c'est que chaque peuple a représenté et habillé les mêmes divinités relativement à diverses circonstances locales, dont la plupart sont entièrement inconnues aux antiquaires. Dans le christianisme, ne voit-on pas la vierge et les mêmes saints avoir des surnoms et des représentations dans un lieu, qui sont absolument étrangers dans un autre?

NOTES. 55

La mythologie sera toujours dans son entier un chaos indéchiffrable; ceux qui prétendront la généraliser, entasseront absurdité sur absurdité.

Comme une erreur fondamentale sur une matiere y en verse plus d'une autre, je ne puis encore m'empêcher d'observer que ces auteurs se sont également trompés sur la signification du mot Men qui est dans le serment que l'on faisoit jadis dans le temple de Cabires, bâti sur les confins de la petite Arménie. Strabon rapporte ce serment (liv. XII, pag. 835 de l'édit. d'Amst. in fol. M. DCC. VII, aliàs 557). Jean Nicolai l'a omis dans son traité latin des sermens de divers anciens peuples (in 12, Francfort, Jean-Henry Reber, M. DCC).

Il étoit conçu ainsi... Je jure par la fortune du roi et le Men phernace. Ces auteurs le rendent de la façon suivante..... Je jure par la fortune du roi et le mois pharnace. D'après une interprétation si éloignée de la vérité, ils s'imaginent qu'on a voulu éterniser la mémoire d'un roi Pharnace, en appellant un mois de son nom. Ce qui les a induits dans cette autre erreur, c'est qu'ils n'ont pas fait attention que le mot Men est équivoque, et qu'ils ont cru qu'il doit avoir par-tout la même signification que celle qu'il a sur les diverses médailles qu'ils ont rapportées. Je conviens que sur ces médailles il signifie le dieu Mois; mais dans le serment en question, il signifie le génie de Pharnace; c'est ce que ces auteurs auroient lu dans l'Huetiana, p. 335 = 342, et dans les dissertations sur diverses matieres de religion, &c. recueillies par l'abbé de Tilladet, in 12, Paris, Franç. Fournier, M. DCC. XII, tom. II, p. 295 = 297, s'ils y avoient eu recours.

Le Men Pharnace répond au Meni d'Isaïe, qui signifie le génie. Telle est la signification que le mot Men avoit chez les Syriens et dans l'Égypte: il la conserva dans le temple de Cabires, construit dans l'intérieur, ou au moins dans le voisinage de l'Arménie. La conservation de la signification du mot Men dans ce temple ne doit pas nous surprendre; les Arméniens, auxquels il appartenoit, ou dont il avoisinoit les frontieres, différoient très peu des Syriens dans les mœurs et dans le langage. Strabon l'assure (liv. I, pag. 70 de l'édit. ci-dessus, aliàs 40). C'est ce que Bochart et les auteurs de l'hist. universelle en anglois répetent d'après lui. (Voyez le phaleg de Bochart, prem. édit. pag. 23, liv. I, ch. 3, et pag. 92, liv. II, ch. 9. Voyez aussi le VIe. tome de la version françoise de cette hist. univ. in 4. Amst. pag. 529).

Comme le soleil, chez les peuples où le mot Men avoit cette seconde signification, étoit le génie, les auteurs de cette description, en identifiant le Men pharnace avec celui des médailles qu'ils ont citées, sont obligés de représenter le soleil avec un croissant; cette représentation ne peut être qu'absurde.

Je n'ignore pas que Vaillant nous représente le soleil sous un croissant, sur le revers d'une médaille frappée en l'honneur de Commode, par la ville de Carrha, pag. 210 de son Num. in col. et munic. percuss. in fol. Mais cet auteur voit un soleil où il n'y en a pas même l'ombre: aussi Tobie Gutberleth s'est moqué de lui avec très juste raison; voy. le trois chap. de sa diss. de mysteriis Cabirorum.

Mais il s'est trompé à son tour, en disant (ibidem) que Carrha dans la suite des temps a été appellée Orfa: c'est à l'ancienne Edesse qu'on a depuis donné ce nom.

Pierre Zornius a trouvé la dissertation de l'Huetiana, qui traite du Men pharnace, si profonde, si curieuse et si juste, qu'il l'a insérée dans la neuvieme partie du premier tome de son bibliotheca antiquaria et exegetica, in universam sacram scripturam. Francof. M. DCC. XXIV = XXV, in 8.

Bullet a ignoré la signification qu'Huet a donnée au Men du temple de Cabires. Voyez les pages 155, XVII, XVIII et XXIX. du IIIe. t. de ses mémoires sur la langue celtique, in fol. Besançon, Claude Joseph Daclin, M. DCC. LX.

Les auteurs de cette description auroient-ils pris leur erreur sur le Men pharnace dans le IVe tome du Monde primitif, p. 47 et 48 ? Il est sûr qu'elle y est magnifiquement étalée. Si cela est, ils sont peu excusables : les étymologies et les conjectures de l'auteur du Monde primitif sont presque toutes si erronées, qu'on risque beaucoup en le prenant aveuglément pour guide. C'est ce que je ferai voir un jour en publiant une critique sur diverses parties de cet ouvrage. Que ceux qui ne lisent les auteurs qu'avec prévention ne m'accusent pas de témérité à cause que je parle ainsi. Qu'ils lisent au contraire ma notice sur la vie et les ouvrages de Guillaume de Machault, imprimée à la fin du IVe tome de l'essai sur l'histoire de la musique, par M. de la Borde ; ils se convaincront par la maniere dont j'y ai relevé plusieurs erreurs du Monde primitif, que je ne m'explique de cette façon, qu'après avoir mûrement et profondément réfléchi à ce que j'avance.

On lit dans le IVe tome du Monde primitif, p. 47, que le mot pharnace est un nom propre de la lune ; et page 48, que telle est son étymologie : phar, flambeau, et nuc, ou noc, la nuit. Je ne sais en quel pays de la terre le mot pharnace a été un nom propre de la lune.

Que d'absurdités ne débite-t-on pas en décomposant des mots pour en extraire des étymologies ! Il n'y a aucun personnage historique de l'antiquité qu'on ne vienne à bout de faire éclipser, en trouvant dans son nom une allégorie. Celui de l'auteur du Monde primitif ne présentera, si l'on veut, dans les siecles futurs qu'un personnage chimérique, parcequ'on pourra, à l'aide d'une étymologie qu'on en tirera, faire voir qu'au sens propre il n'a jamais signifié une personne.

On lit encore sur la même page du même tome que le Men de Cabires étoit le même que le dieu Lunus ; et ce qui est bien étonnant, c'est qu'une assertion aussi erronée y est attribuée à Strabon. Selden (pag. 240 de l'édition du traité ci-dessus) avoit déja fait la même imputation à cet auteur. Strabon dit cependant le contraire ; il nous apprend que le temple de Cabires étoit non seulement consacré au dieu Men pharnace (c'est-à-dire au génie), mais qu'il l'étoit aussi à la lune (qui, chez les Orientaux, selon Huet ci-dessus, étoit la fortune).

La double consécration de ce temple explique parfaitement le serment que les rois y faisoient, en jurant par la fortune du roi et le génie de pharnace, c'est-à-dire, par la lune et par le soleil.

Huet a bien mieux pénétré le sens de Strabon que l'auteur du Monde primitif. (Voy. pag. 339 de l'Huetiana.)

Le Men de Cabires étoit tel que celui des Juifs idolâtres ; or, celui de ces Juifs étoit le soleil : témoin Origene, qui, dans ses commentaires sur saint Jean, leur reproche d'adorer Men et la Lune : donc le Men de la Syrie et de Cabires différoit de la Lune.

Casaubon, Cuper et plusieurs autres savants avoient aussi depuis long-temps donné au mot Men la même étendue de signification que les auteurs de la description des pierres gravées de M. le duc d'Orléans, et celui du Monde primitif. Mais Jablonski les avoit relevés dans son commentaire latin sur Remphah, pag. 89.

Comme l'histoire bibliographique devroit être la premiere étude de ceux qui se livrent à quelque espece d'érudition que ce soit, ces auteurs, et celui du Monde primitif, faute d'avoir parcouru le Bibliographia antiquaria de Jean Albert Fabricius, se sont précipités dans une erreur qui avoit été déja proscrite. Fabricius y avertit, d'après Jablonski, de ne pas croire que par-tout où on trouve le mot Men, il ne soit question que du dieu Mois. (Voyez p. 315, in 4, Hamburgi, M. DCC. LX.)

Au reste, le temple de Cabires me paroît avoir été appellé ainsi, du mot oriental Cabir, qui signifie très puissant. Comme il étoit dédié au soleil et à la lune, qui, chez les Orientaux, étoient les plus

NOTES.

puissants des astres, de là vint le nom de ce temple. S'il m'est permis d'ajouter une autre conjecture, le serment de Cabires par le génie de Pharnace a peut-être servi d'origine à celui des Romains par celui de César; il étoit chez eux, s'il faut en croire Tertullien dans le vingt-huitieme chapitre de son apologétique, le jurement le plus sacré.

(46) *Minerva*. Elle avoit les deux sexes; c'est ainsi qu'elle est chantée dans les hymnes attribuées à Orphée. Voyez le dixieme vers de celle qui lui est adressée, pag. 110 de la seconde partie de l'édition ci-dessus, note (45).

Vir genite & mulier genitrix prudentia belli.

Elle étoit aussi arsénothele chez les Égyptiens. Voyez le onzieme chap. du premier liv. des hiéroglyphes du faux Orapollon, pag. 24. Parisiis, Jac. Kerver, M. D. LI, in 8.

(47) *Bacchus*. Il avoit les deux sexes; voy. Suidas, dans le traité de idololatria, par G. J. Vossius, ch. 6, l. VII, pag. 727, col. 2, tom. V operum, in fol. Environ mille ans avant Suidas, Aristide avoit donné les deux sexes à ce dieu; voyez son oraison sur Bacchus.

J. Alb. Fabricius observe dans son bibliog. antiq. pag. 315, qu'il y a des médailles sur lesquelles on lit, non pas Liber (Bacchus), mais Libera. Cette observation a été omise par le pere Jobert, dans sa science des médailles, pag. 390 et 391 du premier tome de l'édit. de 1739; et par l'auteur de l'Istituzione antiquario-numism. p. 116 et 117. Elle n'est pas échappée à Moreau de Meutour, pag. 425 du second tome in 4. des mémoires de l'acad. des inscrip. Mais ni lui ni Fabricius n'ont rapporté aucune de ces médailles; ils auroient pu en citer quelques unes des familles Cassia et Vibia.

(48) *Vénus*. Elle étoit arsénothele. C'est ce que disent Aristophane, Théophraste, Hesychius, Suidas et Macrobe, dans le sixieme ch. du septieme liv. de idololatria, par G. J. Vossius, ci-dessus note (47), pag. 727 et 728.

C'est ce que Selden, ci-dessus note (45), pag. 239, J. Alb. Fabricius (dans son biblogr. antiq. pag. 315) et Moreau de Mautour (note précédente) nous apprennent également. J'ai vu moi-même dans le précieux cabinet de M. Dennery, une Julia Domna Augusta, avec cette légende sur son revers, Veneri victori.

Il est vrai que cette légende ne me suffiroit pas pour prononcer que la Vénus latine fût arsénothele, si je n'avois le témoignage des auteurs que je viens de citer; je regarderois volontiers le mot victori comme une faute de monétaire. Mais ce mot, justifié par le témoignage des auteurs anciens que j'ai cités, rend cette légende très curieuse.

(49) *Vulcain*. Son arsénothélye a été admise principalement par les Égyptiens. Il n'y avoit chez ce peuple que ce dieu et Minerve qui passassent pour arsénotheles. C'est ce qu'on lit dans le onzieme ch. du prem. liv. des hiéroglyphes du faux Orapollon. G. J. Vossius (de idolol. l. II, c. 64, t. V operum, pag. 240, col. 1) et J. A. Fabricius (bibliogr. antiq. pag. 314) renvoient à cet auteur apocryphe, sur l'arsénothélye de ces deux divinités égyptiennes. Mais en le citant, l'un en indique le treizieme chap. du premier liv. et l'autre, le douzieme. J'ignore l'édition dont Vossius s'est servi : J. Alb. Fabricius a fait usage de celle de Corneille de Paw, où le chapitre de la mienne se trouve le douzieme.

(50) Le *Génie* étoit aussi mâle et femelle. C'est Pausanias qui, en nous donnant son origine, nous apprend son arsénothélye. Voyez son VIIe. livre intitulé, Achaica (p. 566 de l'édition de Leipsick, Thomas Fritsch. in fol. M. DC. XCVI.)

Il dit que Jupiter ayant laissé tomber sur la terre, pendant qu'il dormoit, quelques unes de ces gouttes qui servent à l'éduction de l'espece humaine, il en naquit le Génie qui fut androgyne, et qu'on nomma Agdiste.

NOTES.

Il a pris cette tradition des habitants de Pessinunte en Phrygie; il y avoit près de cette ville une montagne qu'on nommoit aussi Agdiste. Voyez Pausanias, ci-dessus, liv. I, nommé Attica, p. 12.

Ce nom fut encore un de ceux de Cybele; c'est de Strabon que nous le tenons (l. X, pag. 719 de l'édition de 1707, aliàs p. 469, et liv. XII, p. 851, aliàs 567). Il est vrai que ce nom est corrompu dans le Xe. livre de cet auteur, et qu'on y lit Ἀλίςιν pour Ἀγδίςιν. Mais il faut y corriger cette leçon par celle du XIIe. qui est un peu plus pure, quoiqu'elle ne le soit pas entièrement. Cette autre leçon est Ἀγγιδίςιν. Lilio Giraldi avoit voulu remplacer le mot Ἀλίςιν du Xe. livre, par celui de Ἐςίας; Casaubon l'a relevé, et il a démontré qu'au lieu de Ἀλίςιν, il faut y lire Ἀγδίςιν.

C'est ainsi qu'Hesychius nous a donné le surnom de Cybele, et qu'Henri Etienne l'a inséré d'après lui dans l'index qu'on trouve à la fin de son trésor de la langue grecque, col. 247. C'est encore ainsi qu'on le trouve dans le traité de idolatria, par G. J. Vossius, liv. I, c. 20, tom. V operum, p. 38, col. 1; et dans le messis aurea de Ludolphe Smids, pag. 624.

Il y a apparence que le Génie et Cybele ont pris leur nom d'Agdiste de celui de la montagne dont j'ai fait mention.

Arnobe parle d'un autre Agdiste, différent de celui de Pausanias: mais comme il est étranger à mon sujet, je renvoie à cet auteur et à Gérard Jean Vossius ci-dessus.

Je suis surpris que Censorin ait passé sous silence la tradition de Pessinunte sur l'origine du Génie. Voyez le IIIe. chap. de son livre De die natali.

Comme l'histoire du Génie avoit des rapports avec celle de la grande Déesse de Phrygie, et que le culte de cette déesse fut reçu dans Rome, quelques années avant le milieu du sixieme siecle de sa fondation (voyez T. Live, liv. XXIX, chap. 11 et 14), l'arsénothélie du Génie ne pouvoit être étrangere aux Romains, dans le temps qu'on peignit chez eux les figures du sépulchre de C. Cestius.

Mais bien avant qu'ils adoptassent le Génie androgyne des Phrygiens, leur théologie admettoit déja des Génies, puisque Romulus en avoit assigné un à chaque curie. (Voyez Denys d'Halicarnasse, liv. II, ch. XXII, tom. I, pag. 90 de l'édition d'Oxford, in fol. M. DCC. IV, e theatro Sheldon.

Elle les habilloit indifféremment en homme ou en femme. On en voit un, habillé en femme, et avec des ailes, portant un plat de fruits, dans un festin ancien composé de trois convives. Il est gravé d'après une cornaline, pag 477, du cabinet de Stosch. L'abbé Winkelmann a fait réimprimer cette gravure dans son livre intitulé Monumenti inediti, n°. 201. On en trouve une troisieme édition à la tête du IIIe tome de la version françoise de son histoire de l'art, imprimée à Leipsig, en trois vol. in 4.

(50*) Voyez le second tome des mém. de l'acad. des inscript. in 4, pag. 425.

(51) Voyez le second tome de la version françoise de l'histoire de l'art, in 4. Leipsig, p. 360.

(52) Témoin la gravure ci-dessus, note (50).

(53) Voyez Falconieri, Antiq. rom. tom. IV, col. 1474 et suiv.

(54) Falconieri, ci-dessus, col. 1468.

(55) Piranesi, ci-dessus, note (2) de cette explication.

(56) Marco Carloni ci-dessus, premiere explication.

(57) Falconieri, ci-dessus, note (53), col. 1472.

(58) Plutarque, vie de Sertorius.

(59) Paschalius, liv. II, chap. 3, pag. 71, in 8, 1681.

(60) Paschalius, ibid. liv. VI, ch. 16, pag. 301; Nicolai, de luctu Græcorum, c. 7, p. 67, &c.

NOTES. 59

(61) Paschalius, l. IV, ch. 8, p. 228. Piranesi a omis dans l'explication de sa quarante-huitieme planche les bandelettes qui pendent des couronnes que tiennent ces figures.

(62) Paschalius, ibid.

(63) Kirchmann, de funeribus Romanorum, liv. IV, chap. 3, pag. 500.

(64) Schmeizel ci-dessus, note (25), pag. 50; et le Josephi Laurentii Polymathia. Lugduni, Laurentius Anisson, M. DC. LXVI, in fol. p. 94, col. 1 et 2.

(65) Paschalius, ci-dessus, p. 228.

(66) Sur le nombre impair consacré aux dieux inférieurs, voyez L. Giraldi syntagma 17, p. 449, col. 2 du Josephi Laurentii Polymathia; Petri Bungi numerorum mysteria, p. 97 et 98; et l'Anatomia ingeniorum et scientiarum, par Antoine Zara. Venetiis, ex typographia Ambrosii Dei, M. DC. XV, in 4.

(67) Sur le nombre pair consacré aux dieux supérieurs, voyez les auteurs de la note précédente.

(68) Les bracelets et le marchepied servent de distinction, dans les monuments antiques, aux personnes de qualité. Homere donne le marchepied à tous ses héros : voyez la page 4 de l'explication de divers monuments singuliers, ci-dessus, note (18).

On voit le marchepied sur un bas-relief antique, conservé dans l'église métropolitaine de la capitale de ma province (Aix en Provence), et gravé dans le même livre, pag. 303.

---

(1) Ott. Falconieri rend d'une maniere imparfaite l'opposition d'attitude de ces figures.... Effigies, dit-il, quæ supersunt integræ sunt quatuor, utroque in latere binæ, sibi invicem eodem situ oppositæ, ita ut sedens sedenti, stans stanti respondeat. Voyez ci-dessus le IVe tome des antiq. rom. col. 1465.

Pour la bien circonstancier, il devoit ajouter qu'elle est en diagonale ou en ligne droite. Ceux qui décrivent doivent laisser leurs lecteurs sans le moindre desir de la plus petite circonstance relative aux objets qu'ils exposent à leur vue. Telle est la regle que P. S. Bartoli a cru devoir se prescrire dans la préface de la seconde édition d'un de ses traités dont je parlerai bientôt.... Hò aggionto maggior dichiarazione delle tavole, osservando ogni minutia, per quanto hò potuto.... p. 7. Mais l'a-t-il toujours suivie? On en jugera dans l'instant.

Puisque Falconieri n'a pas eu soin d'observer quelle est l'opposition d'attitude de ces figures, voyons si P. S. Bartoli nous éclairera mieux que lui là-dessus. Cet auteur a fait graver huit planches concernant la pyramide de Cestius, dans le traité qu'il a publié à Rome, in fol. en 1697, sous ce titre.... Gli antichi sepolcri, dont le corps n'est composé que de figures, avec de très courtes explications au bas, et que J. Alb. Fabricius date mal à propos de 1690. (Voyez son Consp. ital. pag. 245.

Voici comme il y arrange les quatre dont il est question.

La premiere, qui est à gauche, est celle qui tient deux flûtes; la seconde, du même côté, est celle qui est assise devant un monopode; la premiere, qui est à droite, est celle qui est assise avec un livre; la seconde, qui est sur le même mur, est celle qui porte un plat, &c. Voyez pl. 65, 66, 67 et 68.

Cette opposition résulte nécessairement de la maniere dont cet auteur a arrangé ces figures, et encore plus de l'explication qu'il a mise sous chacune d'elles.

NOTES.

P. S. Bartoli a donné une seconde édition du même traité, en 1699, en la même ville, et sous le même format : il l'a enrichie de plus amples explications ; elles sont de 22 pages sur deux colonnes : elles ne sont pas imprimées sur les mêmes feuillets que les planches ; mais elles les précedent. Cet auteur y contredit formellement (pag. 36, col. 2) l'opposition d'attitude que j'ai inférée de sa premiere édition. Je la rétracterois volontiers s'il ne changeoit pas de place, au même endroit, les deux figures qui sont debout, sans motiver ce changement, et sans avertir qu'il ne le fait que pour corriger une erreur qui lui étoit échappée dans sa premiere édition. Il y transporte de la gauche sur la droite celle qui tient deux flûtes, et il y enleve de la droite celle qui porte un plat pour la placer sur la gauche. Ce déplacement non motivé me fait craindre que celui qui lui a fourni ces nouvelles explications ne se soit trompé ; et dans cette crainte je persiste à donner à ces figures la même opposition d'attitude.

On a inséré en 1702, dans le XIIe tom. des Antiq. Grecq. une version latine de ce traité. Diroit-on qu'elle n'a été faite que sur sa premiere édition, et qu'on n'y a rien ajouté et rectifié d'après sa seconde ? Cette négligence n'est pas le seul reproche qu'on doive faire au rédacteur de cette collection. On peut encore lui imputer de n'avoir pas bien dirigé la gravure de ces 4 figures : elles sont opposées en ligne droite, selon l'identité de leur attitude, sur la planche où elles sont représentées, tandis qu'elles le sont en diagonale dans la version de leurs explications.... Voyez les fig. LXV, LXVI, LXVII, LXVIII et LXIX de ce vol. ; et voyez y en même temps l'ordo figurarum, p. 3, col. 2, et la 55e page des explications.

Ceux qui président à de pareilles collections perdent tout droit à l'estime publique lorsqu'ils ne sont pas plus attentifs à les rectifier et à les perfectionner. Tel est le sort de tous les grands recueils exécutés aux frais des libraires. Un charlatan qui croit s'être distingué dans une science ou dans un art se charge de leur direction : des mercenaires rampants, très soumis, peu ou mal instruits, en taillent les articles à vil prix ; et le public dupé n'achete que des corps d'ouvrages dont les diverses parties, outre qu'elles ne sont ni animées du même esprit, ni unies entre elles par le même lien, n'offrent qu'omissions d'articles très essentiels, définitions sombres, descriptions embrouillées ou imparfaites, citations estropiées, passages ou mal interprétés, ou tronqués à dessein, ou présentés sous un esprit contraire à celui de leur auteur, conséquences fausses, erreurs et contradictions sans nombre. Ce n'est pas ici le lieu de nommer ces recueils que d'ignorants préconiseurs vantent comme très glorieux aux nations chez lesquelles ils s'impriment, et que je regarde au contraire comme le tombeau de leur gloire. Si détournant mes yeux de dessus les deux éditions de ce traité de P. S. Bartoli, je les jette sur la feuille de M. Carloni, j'y vois au premier coup-d'œil que cette opposition est telle que je l'ai indiquée. Mais comme cet auteur n'y marque pas si c'est en ligne droite qu'il prend les mêmes numéros de ces figures, il me laisse aussi dans le doute sur cette opposition. Pour m'en tirer moi-même, je me décide en artiste. Comme l'opposition d'attitude de ces figures me paroît, selon le goût de l'art, beaucoup plus agréable que celle qui seroit en ligne droite, je ne la changerai dans mon discours que lorsque des auteurs plus sûrs me certifieront le contraire, ou qu'étant un jour sur les lieux j'en serai convaincu par moi-même.

(2) Voyez P. S. Bartoli, premiere édit. le XIIe tome des Antiq. Grecq. et M. Carloni, ci-dessus note (69) ; et rappellez-vous que P. S. Bartoli se contredit dans sa seconde édition.

(3) P. S. Bartoli, premiere édition, ibid.

(4) M. Carloni, ibid.

NOTES.

(5) Altitudo singularum, dit Falconieri, ci-dessus, col. 1467, palmam efficit cum quadrante.

(6) Barbault, ci-dessus, note (6), pag. 80. Qu'on voie dans la métrologie de Paucton, Paris, veuve Desaint, in 4, M. DCC. LXXX, pag. 135, la différence qu'il y avoit chez les Romains entre le pied et le palme.

(7) Piranesi, ci-dessus, note (2), pag. 46 de mon ouvrage.

(8) Barbault, ci-dessus, pag. 80 de ses monuments, &c.

(9) Lenglet et son nouv. Edit. Voyez le XIe tome de la nouv. édit. de la méth. pour étudier l'histoire. Paris, &c. M. DCC. LXXII, in 12, pages 109 et 110.

(10) Ils donnent à Henri Kippingius celui de Knippingius, pag. 109, et à Nieupoort celui de Nieuport, pag. 110, &c.

(11) Une infinité de corrections, n'en prenons que deux pour exemples :

1°. Celui de Kippingius, qui a pour titre, Antiquitates Romanorum, libri quatuor, &c. et qui a été imprimé cinq fois à Breme (en 1661, 1664, 1668, 1674, 1679); deux fois à Franeker (en 1685 et 1695); ensuite à Leyde, en 1713, in 8.

Nieupoort le trouve semé de tant de puérilités et de sottises sur les prestiges des démons et les sortileges, qu'il ne lui paroît propre qu'à nuire à l'esprit des jeunes gens. Il lui reproche des digressions ennuyeuses traitées sans ordre et sans jugement. Il ne voit aucun discernement, aucun choix dans la foule des auteurs qu'il cite. Voyez la préface du livre de Nieupoort, int.... Rituum qui olim apud Romanos obtinuerunt, succincta explicatio, &c. pag. 5.

Il devoit ajoûter que ses citations sont très souvent infideles. En voici la preuve. Il dit, L. IV, chap. 5, pag. 530 de l'édit. de 1713, que la prétexte des Romains étoit blanche : et il renvoie pour le prouver à ces deux vers de Catulle, qu'il dit être dans sa 65e épigramme

His corpus tremulum complectens undique vestis
Candida purpureâ tyrios prætexerat orâ.

Il est faux que ces deux vers soient dans la 65e épigramme de Catulle. Ils sont dans son épithalame sur Pelée et Thétis, v. 309 et 310.

Il est encore faux qu'ils y soient tels que Kippingius les donne. Voici de quelle maniere on les lit dans une quantité d'éditions de Catulle, qui me sont passées par les mains :

His corpus tremulum complectens undique quercus
Candida purpureâ talos incinxerat orâ.

2°. Celui de le Fevre de Morsans, sous le nom de mœurs et usages des Romains. Il n'a point d'ordre : on n'y trouve presque rien sur la religion des Romains, et pas un mot sur leur jurisprudence. Il est rempli de bévues et de fausses citations, quoique l'auteur de la version françoise de Nieupoort dise que les remarques de cet auteur sont fidèlement extraites des sources, pag. 4 de sa préface. Si ce traducteur en avoit vérifié les citations, ainsi que je l'ai fait, il en auroit parlé bien autrement.

Le Fevre de Morsans attribue (tome I, pag. 31, nouv. édit. Paris, Briasson, M. DCC. XLIV) à Marc Aurele l'enregistrement des naissances des enfants chez les Romains; et, renvoyant à l'historien de sa vie, il met en marge Spartien.

Il y a en cela trois bévues. La premiere, en ce qu'il est faux que Marc Aurele soit l'auteur de cet enregistrement. Il existoit avant lui. On le voit dans Juvénal (satyre IX, v. 84) qui florissoit avant son regne. On le trouve avant Juvénal sous Caligula (Suétone dans sa vie, ch. 8), et sous Tibere

(Suétone, ch. 5.) Servius Tullius l'avoit introduit en établissant le cens, L. IV des Antiq. Rom. par D. d'Halicarnasse, ch. 15, pag. 211, &c. tome I de l'édit. d'Oxfort, M. DCC. IV. in fol. 2 tom.

La seconde, en ce qu'il est encore faux que Spartien ait écrit la vie de Marc Aurele. L'auteur de sa vie est Capitolin.

La troisieme, en ce que le Fevre de Morsans fait dire à Capitolin ce qu'il ne dit pas. Il rapporte seulement que Marc Aurele, voyant que les enregistrements des naissances couchés sur les livres appellés Censuales n'avoient aucune autorité en justice lorsqu'il étoit question d'y constater l'état des personnes, ordonna qu'on fît dans la suite ces enregistrements sur des livres dressés ad hoc, qui seroient déposés dans le temple de Saturne, et voulut que les expéditions de ces actes, qui seroient fournies d'après ces registres, fissent foi devant les tribunaux, ch. 8, tome II, pag. 293, col. 1 du Scriptores hist. rom. lat. veteres, &c. et fol. verso 44. du livre int. Hist. Aug. Script. Venetiis in ædib. Aldi, M. D. XIX, in 8, où l'on trouve quelques variantes sur ce passage.

Ce que je reproche à le Fevre de Morsans sur ces enregistrements a été copié dans le 4 mém. de Beaumarchais p. 17 in 4°. Celui qui lui a fourni ce trait d'érudition l'a mal servi.

(12) Lens, son livre a pour titre: le Costume ou Essai sur les habillements et les usages de plusieurs peuples de l'antiquité, prouvé par les monuments. A Liege, Jean-François Bassompierre, M. DCC. LXXVI, in 4.

(13) Voyez le livre de Lens, L. V, ch. 1, pag. 249 = 257. Les différences qui étoient jadis à Rome entre les coëffures et les habillements des vierges et des dames, y sont en très petit nombre et bien légèrement indiquées.

(14) Ne fût ce qu'il dit sur la tiare des papes, pag. 393. Il fait à ce sujet quatre fautes en 9 lignes. Je les releverai dans mon Essai sur l'art de vérifier l'âge des miniatures.

(15) Ce sera lorsque je parlerai de la robe prétexte.

(16) Voyez Lens, ibid. pag. 262.

(17) Lens, ibid. pag. 266.

(18) Voici les vers d'Horace que Lens interprete mal.

> Videsne, sacram metiente te viam
> Cum bis ter ulnarum toga,
> Ut ora vertat huc et huc euntium
> Liberrima indignatio?
> Epod. lib. ode IV, v. 6, 7, 8 et 9.

Le mot metiri dont Horace se sert, signifie-t-il balayer? Lens, en se servant de cette expression, veut prouver combien la toge de cet affranchi étoit longue. Horace, dans ces vers, ne désigne en aucune façon la longueur de ce vêtement; il marque seulement la quantité d'étoffe que cet affranchi affectoit d'employer pour sa toge. Mais cette quantité étoit-elle moins distribuée en largeur qu'en longueur? D'ailleurs, Horace ne parle-t-il pas hyperboliquement? Ferrarius n'en doute pas, et il dit qu'Acron plaisante en prenant ce texte à la lettre.

De re vest. l. I, c. 6, pag. 16, et c. 24, pag. 73, édit. de 1685, in 4.

(19) L'abbé du Bos, Réfl. sur la poésie et sur la peinture, tome I, pag. 201 et 202, in 12. Paris, Pierre-Jean Mariette, M. DCC. XXXIII, 3 tomes.

(20) G. J. Vossius (L. I, de Hist. Gr. c. 17, pag. 90, tomo IV op.) et Isaac son fils (in Melam, L. I, c. 8, p. 357, Lugd. Bat. M. DCC. XXII, et p. 600, ibid. 1748) nient que cet ouvrage soit de Plutarque.

NOTES. 63

J. Alb. Fabricius pense le contraire, et il veut réfuter Is. Vossius. Mais il le réfute très mal, et il ne se ressouvient pas que le pere de cet auteur a eu la même opinion avant lui. D'ailleurs, son renvoi au Pomponius Mela d'Is. Vossius est très inexact: au lieu d'en marquer le livre et le chapitre, il n'indique que la page d'une édition qu'il ne nomme pas. Voyez bibl. gr. L. IV, c. 11, p. 353, tome III. Hamb. cIɔIɔccxvII, in 4.

Dom Martin (dans son Hist. des Gaules, tome I, pag. 423 et 424) nie aussi que ce livre soit de Plutarque. Je suis de son avis, et je crois que les copistes, trompés par la fausse critique de Stobée, l'ont inséré après coup dans la liste des ouvrages de Plutarque que Lamprias a dressée.

(21) Nones Caprotines. C'étoit une fête établie à Rome le jour des Nones de Juillet, en faveur des servantes. L'auteur du Monde primitif n'en dit rien dans son IVᵉ tome, où il fait l'Hist. Rel. du calendrier des anciens. Voyez pag. 397. Comme cet auteur n'avoit aucun ordre, il mentionne cette fête dans son VIᵉ tome, pag. 207; et voici tout ce qu'il en dit.... Fête en l'honneur de Junon.

D'après une omission aussi essentielle et un éclaircissement aussi misérable, n'a-t-on pas raison de s'indigner contre certains enthousiastes qui, ne connoissant que les dehors du temple de l'érudition, vantent le Monde primitif comme un ouvrage admirable, et son auteur comme le plus savant des hommes? Voyez les lettres sur la Suisse, tome I, page 33, suite de la note.

L'article sur cette fête, qu'on lit dans la derniere édit. de Moréri, tome V, pag. 114, col. 2, lettre F, ne vaut pas la peine d'être lu. J'en donnerai dans mes glanures encyclopédiques un autre qui sera plus étendu et plus profondément discuté.

(22) Macrobe, saturn. L. I, c. 11, p. 239, Lugd. Bat. 1670, cum notis v. in 8, &c.... Tutela seu Philotis pollicita est se cum ceteris ancillis sub nomine dominarum ad hostes ituram, habituque matrumfamilias et virginum sumpto.

(23) Ovide, de arte amandi (L. I, v. 31, pag. 513, tome I de l'édit. cum notis v. Amst. ex typ. Blav. M. DC. LXXXIII, in 8). Au reste Ovide ne parle en cet endroit que des bandelettes simples des vierges. Ce sont Maderus (de Coronis nuptiarum, pag. 33, in 4. Helmst. cIɔIɔcLxII) et Schmeizel (p. 29 de son tr. cité ci-dessus, p. 49, note (25) qui en ont inféré que, puisqu'elles portoient aussi des couronnes elles devoient être simples comme leurs bandelettes. Je ne sais pourquoi ces deux auteurs ne citent pas à ce sujet le Turnebi Advers. L. XXIX, c. 4.

(24) Schmeizel, ibid. p. 28. Paschalius dit expressément que la couronne de pin étoit chez divers anciens peuples un des symboles de la virginité, L. VI, c. 28, p. 445.

(25) Maderus, p. 33 de Cor. nupt. Turnebi Advers. L. XXIX, c. 4, & p. 377, col. 2, in fine du Josephi Laurentii Polymathia, in fol. Lugd. sumptib. Laurentii Anisson, M. DC. LXVI.

(26) Une preuve que les vierges romaines ne portoient alors point de voile, c'est que Tertullien dit dans son Tr. de velandis virginibus, qu'il y avoit des dames qui affectoient de vouloir paroître encore vierges en n'en portant pas. Voyez Theoph. Raynaud de Pileo, pag. 93, sous le nom d'Anselmus Solerius, in 12, Amst. And. Frisius cIɔIɔcLxxI.; le IIᵉ tome du Geniales Dies d'Aless. d'Aless. pag. 220, note (5) c. n. var.; Torrenius, édit. de Val. Maxime, in 4, 1726, L. Bat. pag. 559, note (73); & Joach. Hildebrand, fol. verso 1, 3, de Nuptiis veterum Christ. Helmst. cIɔIɔcLxI, &c. in 4 (fine ciffris).

(27) Plutarque, Probl. XIV, & Kirchmann de Funer. R. L. II, c. 16, pag. 195 de l'édit. déja citée. Elles y avoient seulement les cheveux épars. Les garçons y étoient, au contraire, voilés,

(28) Saubert. Voyez son Tr. de Sacrif. c. 12, pag. 275 de l'édit. de Jene, in 8, M. DC. LIX. Il dit : Velabantur enim virgines in nubtiis et extra nubtias (sic). Il devoit dire avec plus de précision, et post nubtias.

(29) Il renvoie à Florus, L. IV, c. 2 . . . Cette citation est fausse.

(30) Thomas Crénius ; c'est Thomas Théodore Crusius. Colomiés (dans son Colomesiana, tome Ier du Scaligerana, Thuana, &c. Amst. Cóvens et Mortier, M. DCC. XL, pag. 593 et 594); Baillet (Jug. des Savants, tome VIe, in 4, Aut. Deguisés), et l'auteur du Cat. de Bunav. (tome Ier., vol. 2, pag. 1183, in 4, col. 1), ne l'ont pas sçu. Christophe Aug. Heumann dévoile ce pseudonyme dans son Conspectus Reip. lit. Hanov. M. DCC. LXIII, in 8, &c.

(31) Il n'a pas rectifié la fausse citation de Florus, dont il est question note (29). Voyez l'édit. qu'il a donnée du Tr. de Sacrif. par Saubert, Lugd. Bat. Jord. Luchtmans, en CIƆIƆCLXXXXIX, in 8. Je pourrois en citer plusieurs autres; mais ce seroit sortir de mon sujet.

(32) G. J. Vossius de Poëtis lat. pag. 233, col. 2, tomo III° operum. J. Alb. Fabricius cite ce poëte dans sa Bibl. lat. du haut âge; mais il ne marque pas le siecle auquel il florissoit. Ernesti, son dernier éditeur, n'a pas suppléé à son omission.

(33) On trouve ce fragment dans Bayfius (de revestiaria, et dans l'extrait que Ch. Estienne en a donné, in 8, Lutetiæ ex off. R. Steph. M. D. XLVII, pag. 9); dans G. J. Vossius (Etymol. L. L. pag. 503, col. 2, tomo I° operum); dans Oct. Ferrarius (de re vestiaria, L. III, cap. 10, pag. 243 de l'édit. déja citée), et dans J. Math. Gesner (N. Thes. L. L. tome IVe col. 212). Vossius et Ferrarius les rapportent de la même açon, mais ils ne suivent pas Bayfius. Gesner ne s'accorde avec aucun d'eux, et sa leçon me paroît préférable.

(34) Jos. Scaliger observe dans son Conjectanea, que le mot Rica signifie, à proprement parler, le Flammeum virgineum. G. J. Vossius (tomo I° oper. pag. 503) le releve, et dit que César Germanicus donnant l'épithete tristis au mot Rica : il ne peut signifier Flammeum virgineum. Voilà qui est bien relativement au costume civil des vierges romaines qui ne portoient point de voile. Mais Vossius a-t-il fait attention à certaines cérémonies religieuses, auxquelles elles ne pouvoient peut-être pas assister sans le Flammeum ? Pourquoi ne s'est-il pas ressouvenu aussi que ce voile étoit celui des vestales, et que c'est vraisemblablement à cause de leur vœu, qu'il portoit l'épithete dont Germanicus l'a qualifié ? D'ailleurs, l'épithete tristis que César Germanicus donne au voile appellé Rica, devoit-elle empêcher Vossius de croire qu'il ne fût le même que le Flammeum ? Il ne réfute donc Scaliger que parceque la couleur du Flammeum lui paroît incompatible avec cette épithete. Mais est-ce bien à cause de la couleur qu'avoit le voile appellé Rica, que Germanicus le qualifie ainsi ?

Et ore
Velato, tristique genas abscondita ricâ.
Voyez de Erigone.

N'est-ce pas plutôt à cause de l'effet qu'il produisoit quand il passoit sur la tête de la vierge qui alloit offrir sa main tremblante à son nouvel époux ?

Lucain ne dit-il pas en parlant de la cérémonie nuptiale, L. II (v. 361) ?

Lutea demissos velarunt flammea vultus.

Elle étoit donc triste. Pourquoi ne l'auroit-elle pas été, puisque la vierge alloit y faire le sacrifice de ce qu'elle avoit de plus précieux et de plus cher ? Aussi Apulée (Metamorph. L. IV in fine) la peint essuyant avec son Flammeum les larmes dont ce sacrifice inonde son visage.

Et puella nuptura derget lacrimas ipso suo flammeo.

NOTES. 65

Quoi qu'il en soit, les mots Rica et Ricula que Festus identifie, ne sont, selon Granius, qu'un voile religieux, et c'est du mot Ritus, que Varron les dérive, L. IV, de L. L. Voyez Festus et Granius sur ces deux mots, pag. 284 du livre de Christophe Cleffelius, intit. Antiquitates Germanorum. Franc. &c. M. DCC. XXX. in 8, et le Thes. L. L. de J. Matth. Gesner, ibid.

(35) *Vierges lacédémoniennes. Elles étoient sans voile.* Charile en donne cette raison.... Quoniam virginibus viros sibi quærere necessarium sit, mulieribus autem quos comparaverint, custodire. C'est Plutarque qui, dans son Apophtheg. lacon. nous a conservé le fragment grec de cet auteur.

C'est ce que Cragius (De Rep. Lac. Lib. III Inst. XI, pag. 264 et 265, Lugd. Bat. &c. CIƆCLXX, in 8), et Rhodigin (L. XIII Lect. Antiq. c. 6, pag. 473, in f. Basileæ 1550, Froben) auroient dû observer en nous renvoyant à Charilaus sur cet ouvrage. Kirchmann a été plus exact, (pag. 199 de son livre de Funer. Rom. L. II, c. 16.) Alexandro d'Aless. fait mention du même usage, mais sans nommer même Charilaus, L. II, c. 5, Geniales Dies, pag. 275, tome Ier de l'édit. déja citée.

(36) Theoph. Raynaud (p. 87 De Pileo, sous le nom de Solerius ci-dessus) assure que les vierges de Lacédémone étoient sans voile. Il a bonne grace de vouloir qu'on le croie en dépit de Charilaus et de Plutarque. Il est vrai qu'en disant qu'elles avoient la tête couverte, il les distingue des femmes, auxquelles il donne de plus une espece de masque sur la figure. Je n'aime pas un auteur qui violente un texte pour le faire cadrer avec les conjectures qu'il se plaît à inventer.

(37) Pag. 62 du Jacobi Waræi De Hibernia, Londini, &c. M. DC. LVIII, in 8.

(38) Pag. 342 du Cleffelii Ant. Germ. ci-dessus, note (34).

(39) *Elles étoient sans voile*, s'il faut prendre pour une figure de vierge celle que Don Martin a fait graver d'après Deflandes, (planche 7 de son Explic. de Div. Monum. &c. pag. 294.) Mais quoiqu'elles fussent sans voile dans le temps que ce monument a été exécuté, n'étoient-elles pas voilées auparavant? C'est ce que j'ignore. Un autre plus sçavant que moi le découvrira s'il le veut.

(40) Joseph. Antiq. jud. L. XIII, c. 5, pag. 648, tome Ier de l'édit. d'Havercamp, Amst. M. DCC. XXVI, in f. 2 t.

Meursius prétend que les Lacédémoniens étoient parents des Juifs par Abraham. Voyez l'édit. de ses œuvres par Jean Lami, in fol. tome IIIe, col. 108 (Miscell. Lacon. L. I, c. 7).

Il renvoye pour le prouver au L. XII, c. 5 des Ant. de Joseph. Il devoit renvoyer au liv. XIII. Il renvoye encore au liv. XIII, c. 9 du même ouvrage, où il n'est question que de l'alliance des Juifs avec les Romains. Son nouv. édit. n'a pas rectifié la prem. de ces citations, et il a omis de retrancher la seconde. Il est surpris, dans une de ses notes, col. 109 et 110, que Meursius n'ait pas cité sur cette parenté le second livre des Maccabées: j'en suis surpris comme lui. Cet éditeur ajoute qu'on peut consulter là-dessus Bochart (Geogr. sacra), et une Diss. de Don Calmet. Il n'a pas sçu que cette parenté est discutée fort au long, pag. 141=270 de l'ouvrage suivant... Gottlieb Wernsdorffii, &c. Comment. historico-critica librorum Maccabaicorum, &c. Vratislaviæ, &c. M.DCC.XLVII, in 4.

(41) *Les vierges juives étoient-elles voilées ?* Fleuri (dans ses Mœurs des Israél. n. X, pag. 69, Bruxelles, in 12, M. DCC. XXXII), ne l'affirme pas expressément; et les Aut. de l'Hist. Univ. en anglois, L. I, ch. 7, (pag. 558, &c. tome IIe de la vers. franç. Amst. &c. in 4), n'en disent rien. Christophe Fred. Schindler le prouve d'après le IIIe ch. d'Isaïe, ℣. 16=23... et le Ve ch. ℣. 7 du C. des Cantiques, dans sa these intit. De Velato Hebræorum Gynæceo, soutenue sous M. Sam.

Fred. Bucher, et publiée in 4. en M. DCC. XV, à Wirtemberg. (Voyez pag. 5, cap. 2, n. 2) Jean Gottl. Carpzovius le prouve aussi dans ses notes sur le Th. Goodwini Moses et Aaron, in 4, Francof. &c. M. DCC. XLVIII, imprimées à la suite de son... Apparatus Hist. Crit. Antiq. Sac. Codicis, pag. 634, col. 2, et 635, col. 1. Il y renvoye à cette these, dont il ne nomme que le Président, et à divers autres auteurs. Il y ajoute qu'un autre Carpzovius a déja prouvé cet usage, pag. 356, c. 5, théor. 17 du Schickardi Jus Reg.

Objectera-t-on contre cet usage, d'après certaines de nos versions françoises de l'Ecrit. Sainte, telle que celle de le Gros, que les 100 pieces d'argent qu'Abimelech, roi de Gerare, donna à Abraham pour acheter un voile à sa femme, qu'il lui rendit aussi chaste qu'elle l'étoit avant qu'il la lui eût fait enlever, prouvent que les vierges juives n'étoient pas voilées? Cette objection seroit peu fondée. Les traducteurs fr. qui interpretent ainsi le ỹ. 16 du 20ᵉ ch. de la Genese, d'après la Vulgate, lui font violence, et encore plus aux 70. Cet argent ne fut donné à Abraham, qu'afin qu'il servît de voile ou de justification aux yeux de ceux qui avoient été témoins de cet enlevement. Aussi Joseph ne parle pas de son emploi pour ce prétendu voile de Sara. Ant. L. Iᵉʳ, c. 12, pag. 36, tome Iᵉʳ de l'édit. d'Havercamp. Cette explication est celle de Salazar et de Martin de Roa, à laquelle Théoph. Raynaud préfere sans raison celle de de Prado et de Delrio, pag. 81=84. De Pileo.

(42) Vierges carth. Elles étoient voilées. Voyez Stuckius De Conv. Antiq. L. II, c. 28, pag. 375 de l'édit. déja citée. Mais il ne dit ni d'où il a tiré cette anecdote, ni en quel siecle cet usage s'est introduit à Carthage, ni pendant combien de temps il y a été suivi.

(43) Voyez son Carthago, &c. Francof. ad Oderam, &c. M. DC. LXIV, in 8, pag. 139=144, (col. 2, sect. 2, c. 4).

(44) T. XI. de la Vers. Fr. in-4. pag. 588=576. Liv. III. ch. XXXVII.

(45) C'étoit le Presbytere en corps, qui dans les premiers siecles de l'église administroit la Police Ecclésiastique. J'ai fait en 1765 une longue lettre pour le prouver: elle est encore mste. Je n'en ai délivré qu'une copie. Je l'adressai à M. l'Abbé de Grille de Robiac, chanoine-sacristain de la Métropole d'Arles en Provence, qui me l'avoit demandée. Elle passa après sa mort, avec sa biblioth. entre les mains du marquis de Cambis, qui en parle très avantageusement dans le cat. de ses mss. pag. 326, n. 9. Ce n'est pas encore le temps de la tirer de mon porte-feuille.

(46) Je ne sais pourquoi Du-Pin, (N. Bibl. des Aut. Eccl. p. 275, IIIᵉ édit. Paris, André Pralard, M. DC. XCVIII, in 8, tome Iᵉʳ, Iʳᵉ partie) fait dire à Tertullien que les vierges ne se voiloient pas encore de son temps dans les églises, puisqu'il y dit que celles qui vouloient épouser un mari chrétien y alloient avec un voile très transparent, ou bien de couleur de pourpre, pour relever davantage leur carnation. C'est ce que Joach. Hildebrand observe pag. 161, n. III, chap. 6 de son Rituale Orantium, Helmst. &c. CIƆIƆCLVI, in 4, et dans son Tr. de Nuptiis Vet Christianorum, ibid. in 4, CIƆIƆCLXI (sine ciffris), fol. rect. 4 de la signature I. Les voiles transparents des vierges duroient encore du temps de S. Aug. Voyez sa lettre 109. Jean Is. Pontan (dans son Origines Francicæ, pag. 431, L. VI, c. 4, in 4. Hardervici, &c. CIƆIƆCXVI) réprouve cet abus d'après lui.

(47) Voyez sur cet auteur Du-Pin, tome 5, Paris, Pralard, M. DC. XCI, in 8, pag. 141 & 142; et J. Alb. Fabricius, Bibl. Lat. M. Ævi, pag. 54, col. 2, tome Iᵉʳ, in 4. Du-Pin doute s'il est le même que celui qui a été évêque de Shirburn. On en doute aussi dans la derniere édit. de Moreri, tome Iᵉʳ, lett. A, pag. 138, col. 2. J. Alb. Fabricius, qui précipitoit ordinairement ses ouvrages,

n'a pas eu le temps de douter si d'autres n'en doutoient pas. Casimir Oudin a omis cet auteur.

(48) Le livre de cet Aldhelme auquel je renvoye, a pour titre : De Laude, ou De Laudibus Virginitatis. Voyez Ittigius de Bibliothecis et Catenis Patrum, pag. 22, 44, 60 et 113.

Au lieu du nom de Liber (seul) il porte encore quelquefois celui d'Epistola, Ittigius, pag. 60 et 113. Il est en prose et il a été imprimé séparément. Je n'en ai rencontré encore aucune édition du XVe siecle. J'en connois une du seizieme : elle est de 1512, in 4, Daventriæ. Fabricius la cite. Elle est échappée à Du-Pin et à Maittaire. On trouve aussi ce Traité dans cinq différentes Bibliothéques des Peres. Ittigius, pag. 22, 44, 60, 113 et 692. Du-Pin n'en mentionne qu'une, et Fabricius n'en détermine pas le nombre. Albert Rubens rapporte le passage de ce livre qui concerne l'habillement des vierges dans le siècle de cet Aldhelme. V. De Re vestiariâ, c. 4, L. I, pag. 25, in 4, Antuerpiæ, ex. Off. Plant. M. DC. LXV. Mais comme on y trouve le mot Capitium, que des personnes peu familieres avec la signification de cet ancien mot pourroient prendre pour un voile, je les avertis de ne pas se presser, et d'attendre que j'en fixe le véritable sens dans ma 150e note.

Le même Aldhelme a fait un autre traité intit. De Laude Virginum : il est en vers hexametres et postérieur au précédent. C'est mal-à-propos que J. Alb. Fabricius lui donne le même titre. Voyez sa biblioth. latine du haut âge. Hamburgi, in 8, 1721, pag. 716, tome Ier, c. 2, n. 9.... Il est inséré dans les biblioth. des Peres de Cologne, de Lyon, et d'Ingolstad.... (Voyez Ittigius, p. 444, 513 et 599). Du-Pin et J. Alb. Fabricius ne parlent que de son insertion dans la derniere de ces trois bibliothèques.

(49) Optat florissoit en 370.

(50) Voyez le 6e. liv. d'Optat contre Parménien, in-f. Paris 1679, pag. 115, et dans le IIIe. tome de la version lat. des Orig. et Ant. Eccl. par Bingham, Halæ, &c. M. DCC. LVII, in 4, p. 104, not. (h), col. 2.

(51) Is. Pontan, voyez son Origines Francicæ (déja cité) L. VI, c. 4, pag. 430 et 431.

(52) De Valois n'a connu ni la premiere vierge chrétienne enfermée dans un monastere, dont je parlerai dans la note (54), ni l'ancienneté des monasteres en Orient. Voyez pag. 113, tome IX, Hist. de l'Acad. des Inscript. in 4. Le rédacteur de cette histoire ne l'a pas relevé là-dessus.

(53) Voy. Mézeray, Hist. de Fr. avant Clovis, Amst. Abraham Wolfgang, 1692, in 12, pag. 543.

(54) Voyez les Bollandistes, Acta SS. 5 janv. vie de Sainte Synclétique, et la derniere édit. de Moréri sous le même nom.

(55) J. Alb. Fabric. Bibliogr. Ant. Hamb. M. DCC. LX, p. 844 et 920.

(56) Voy. Plutarque, pag. 376 du Ier. tome des Œuvres de Stuckius (Antiq. Conv. L. II, c. 28), pag. 87 du tr. De Pileo par le pseudonyme Solerius, et pag. 55 de l'Essai de Lens ci-dessus. Voyez encore le Genial. Dies d'Aless. d'Aless. L. II, c. 5, pag. 275, tome I, cum n. v. et le Turnebi. Adv. L. XXIX, c. 31, dans le Polym. Laurentii, pag. 403, col. 2.

(57) Voyez Val. Max. L. VI, c. 3, pag. 556 de l'édit. de Torrenius. Si ce Sulpicius Gallus est le même que celui qui prédit le premier chez les Romains les éclipses de lune, il vivoit vers l'an 580 de Rome. Voyez T. Liv. L XLIV, c. 37, tome III, pag. 918, ed. c. n. v. Amst. Dan. Elzevir, CIƆ. IƆC. LXXVIII. in 8 ; Pline, L. II, c. 12, pag. 21, tome I, in 8, c. n. v.

(58) Qu'on ne soit pas surpris de la licence que je reproche aux graveurs des monnoies romaines, par rapport aux coeffures des impératrices ; je crois non seulement que leur burin a créé plusieurs

modes en ce genre, mais encore qu'il n'a pas toujours rendu fidèlement celles qui existoient. Ce que je remarque sur certaines monnoies de mon siècle me rend incrédule sur une partie de ce que me représentent divers monuments monétaires de l'antiquité. Le caprice des artistes éloigne assez souvent leur burin et leur ciseau de la vérité, et ceux qui les dirigent les en détournent quelquefois bien davantage par leur basse flatterie ou par leur ignorance. La statue d'une Dame Romaine revêtue de son étole qu'Ott. Ferrarius a fait graver (pag. 230 de re vestiaria, 1685, in 4), d'après l'Electa de Philippe Rubens, me rend-elle la vérité en l'offrant à mes yeux avec son sein et son bras droit découverts? Horace, en m'apprenant que l'étole enveloppoit tellement les Dames Romaines depuis la tête jusqu'aux pieds, qu'elle n'en laissoit voir que la face, ne me prévient-il pas contre la fausseté d'un pareil monument?

> Matronæ præter faciem nil cernere possis.
> Satyr. 2ª. v. 94.

(59) Tertullien (ch. 13 De velandis Virginibus) dit des Dames Romaines de son temps, virginari volunt solâ capitatis nuditate; voyez le tr. De Pileo déja cité pag. 93, et la 5ᵉ note de la 220ᵉ page du IIᵉ tome du G. Dies c. n. variorum.

(60) Voyez le tr. De Pileo, pag. 79. On lit dans la derniere édition de Moréri (tome VII, lett. M, pag. 415, col. 2) que Mélanie la jeune naquit en 388, et qu'elle vivoit encore en 436. Mais si le fait que je rapporte d'après le tr. De Pileo, pag. 79, 80 et 126, est vrai, elle devoit vivre encore au moins jusqu'en 457, puisque Vérine ne devint impératrice qu'en cette année. Voyez Beauvais, Hist. des Emp. R. et G. tome II, pag. 411 et 415.

(61) Luteus. Casaubon confond la couleur que les Romains appelloient luteus avec la blanche (pag. 300 de son Comment. sur Perse, in 8, Parisiis, &c. M.DC.V.). Elle n'étoit pas la même, puisque Pline en parlant des violettes, en présente de ces trois couleurs..... purpureæ, luteæ et albæ (L. XXI, c. 6, pag. 688, c. n. v. tome II, in 8). Casaubon eût mieux fait de la rendre presque synonyme, d'après Lucain (L. II, v. 361), et Pline (L. 21, c. 8, tome II, pag. 697), avec celle que les Romains nommoient flammeus.

Les couleurs luteus et flammeus n'étoient, selon Agelle (L. II, c. 26, pag. 75 et 76, in 8, Lugd. Bat. &c. 1687), et J. Fred. Gronove son comment. (ibid. pag. 62 notarum), que deux nuances plus claires de celle qui étoit appellée rufus. Elles approchoient beaucoup de celle qui se nommoit flavus. Théophile Raynaud, qui identifie (pag. 102, De Pileo) la couleur luteus avec celle-ci, n'en détermine pas bien la véritable nuance. Agelle dit encore qu'il y avoit une différence entre les couleurs luteus et flavus (ci-dessus). Virgile nous rend d'une maniere très précise la couleur luteus, en nous peignant l'aurore un moment après son lever et lorsqu'elle commence à s'étendre sur l'horizon (L. VII, Æn. v. 25).

> Aurora in roseis fulgebat lutea bigis.

Cette couleur étoit donc celle que nous nommons aujourd'hui aurore. Qu'on voye, d'après la maniere dont je la fixe, si l'aut. des Rech. Philos. sur les Egypt. et les Chinois (tome I, pag. 355 de l'édit. orig.) est fondé à l'appeller jaunâtre. Le vers suivant de Claudien, qu'il cite, ne peut autoriser une pareille signification.

> Pars infecta croco velamina lutea serum.

NOTES.

Quoique le crocus entrât dans cette couleur factice, elle n'étoit pas pour cela jaunâtre. C'est mal-à-propos que Servius rend synonymes les mots croceus et luteus (voyez son comment. sur le 45ᵉ v. de la 4ᵉ Églog. de Virg. tome I, pag. 87 ci-dessus). Il ne s'est pas bien pénétré de l'esprit du Poëte qu'il commente. Il est vrai que Virgile donne à l'Aurore l'épithète de crocea :

    Tithoni croceum linquens Aurora cubile.

Mais il la peint alors au sortir de son lit (Georg. L. Iᵉʳ, v. 447, et Æn. L. IV, v. 585, où il employe le même vers). Monte-t-elle sur l'horison ? cette couleur s'éclaircit sous sa plume et se change en celle qui portoit le nom de Luteus. C'est ainsi que ce grand peintre varie les nuances de sa parure à son lever et dans sa marche. Si Ovide (Amorum, L. II, eleg. IV, v. 42) et Claudien (in Eutrop. 529) lui donnent la même épithète, c'est qu'ils ne la représentent pas non plus telle qu'elle est sur son char, mais sous le premier vêtement qu'elle porte en échappant aux bras de son époux.

Dempster (in Rosini Ant. Rom. L. Iᵉʳ, c. 37), & Junius (de Pict. vet. L. III, c. 9) ont mieux saisi que l'auteur de ces Recherches, la différence qu'il y a entre les mots latins luteus et flavus.

C'est de la plante que les Romains nommoient Lutea ou Glastum et les Grecs Isatis, qu'étoit tiré anciennement le fond de la couleur luteus (Dempster ci-dessus). Cette couleur fut d'abord celle du voile qui servoit aux noces et qu'on nommoit Flammeum. (Lucain et Pline ci-dessus; Martial, L. XII, epigr. 42). Elle devint dans la suite un peu plus foncée et semblable à celle qu'on appelloit sanguineus, (p. 105 du tr. De Pileo, d'après un anc. Schol. de Juvénal). Comme il n'y a rien de si variable que les modes, ce voile perdit ces deux couleurs pour prendre la blanche (Voyez Festus, pag. 105 du même tr.), ou celle-ci fut peut-être intermédiaire entre les deux autres.

(62) L. II, c. 5, pag. 275, tome Iᵉʳ, in 8, ci-dessus.

(63) Pag. 110 De Pileo, et Nicol. Mercier, tome I, in 8, du Gen. Dies, not. 1, pag. 275.

(64) N. Mercier, ibid.

(65) G. J. Vossius, (étym. L. L, tom. I Op. p. 125, col. 2). Le vêtement des dames fut d'abord de lin très fin : on en fit ensuite de soie. (Voyez Nonius, note 45, pag. 17 de l'édit. de Val. Maxime, par Torrenius, col. 1).

(66) N. Mercier ci-dessus.

(67) Isidore, étym. L. XIX, c. 25, dans le tr. De Pileo, pag. 110.

(68) Voyez diverses médailles d'Impérat. rom. que je n'ai pas le temps de détailler ici; j'y dirai seulement un mot sur la Palla. Que ceux qui desirent de connoître ce vêtement n'ayent point recours au Monde Primitif, à moins qu'ils ne veuillent se contenter de la plus misérable explication qu'on puisse en rencontrer. Voici tout ce qu'ils y liront sous ce nom.

Palla, manteau, voile (tome VII, orig. lat. IIᵉ part. col. 1461). Jamais écolier ne s'est avisé de donner à ce mot deux acceptions de cette espece.

La premiere est trop vague. La Palla n'étoit pas un manteau en général, mais un manteau affecté aux Dames Romaines. C'est ce que disent Horace, Ovide, Nonius, et Servius, d'après Ferrarius ci-dessous. Ulpien ajoute que si quelque Romain eût voulu s'en couvrir, il se seroit rendu très méprisable. (L. 44. ad Sabinum, Leg. 23. D. Lib. XXXIV. Tit. 2°. Tom. I. col. 1139. Paris, Vitray, M. DC. XXVIII. in f.)

La seconde est de toute fausseté. Aucun auteur latin n'a pris la Palla pour un voile. On pouvoit couvrir sa tête d'un pan de ce manteau, mais la Palla considérée en elle-même n'étoit pas un voile.

L'étymologie de ce mot, qui précede ces deux belles acceptions, est encore bien plus pitoyable.

Son auteur le dérive de celui de Pal qui signifie élevé. Varron qui touchoit de plus près que lui à l'origine de ce vêtement, et qui sçavoit par une tradition plus fraîche la mobilité qu'il avoit sur les épaules des Dames Romaines pendant tout le temps qu'elles s'en étoient servies, ou qui en étoit lui-même témoin s'il étoit encore à la mode, le tire du mot grec πάλλω qui répond au mot latin moveo. Tertullien appuie l'étymologie de Varron, et il atteste que le nom et la forme de ce vêtement étoient passés des Grecs chez les Latins (à la fin du IIIe ch. de son tr. De Pallio). Servius le dit aussi. (Voyez son comment. sur le 648e vers du Ier liv. de l'Énéide, tome II, édit. ci-dessus).

On voit donc combien peu l'auteur du Monde Primitif étoit versé dans l'antiquité des vêtements romains. Il avoit cependant eu la présomption de se charger de la partie des Antiquités de la nouvelle Encyclopédie.

Comme ce n'est pas ici le lieu de m'étendre davantage sur la Palla, j'en renvoye l'Histoire Critique à mes Glanures Encyclopédiques. Si l'on veut, en attendant qu'elles paroissent, satisfaire sa curiosité, on n'a qu'à jetter les yeux sur ce que G. J. Vossius et J. Matth. Gesner en disent, l'un dans son Étym. L. L. (tom. I Oper. pag. 423, col. 1), et l'autre dans son Thes. L. L. (tome 3, col. 662). Mais si l'on joint aux renseignements de ces deux auteurs, ceux des Commentateurs sur le vers de Virgile que je viens de citer (pag. 251, tome II de l'édit. précédente), et que Lens (pag. 251) prend mal-à-propos pour le 652e, ainsi que ceux d'Oct. Ferrarius (De Re Vestiariâ, pars 1^a, L. IV, c. XVIII, pag. 231; pars 2^a L. III, c. XIII, pag. 120; pars ead. L. IV, c. IV, pag. 441; et dans son Analecta, pag. 86, c. XXV, et non pas XXVI comme le dit Lens, pag. 252, note d): on aura alors presque tout ce que l'on peut sçavoir sur ce vêtement. J'avertis ceux qui liront Ferrarius, de ne pas lui reprocher d'après Lens, (page 252) d'avoir dit que la Palla étoit composée de deux pieces quarrées attachées sur les épaules. Il est vrai que cette faute lui étoit échappée (pars 1^a L. I, c. IV, pag. 9, De Re Vestiariâ), mais il l'a ensuite rétractée (dans le même ouvrage, pars 2^a l. IV, c. IV, pag. 141). C'est ce que Lens auroit dû observer avant de lui imputer cette erreur.

(69) Cette oraison de Cicéron étoit intitulée : in Claudium. Voyez G. J. Vossius (étym. L. L. tomo I Op. pag. 106, col. 2, J. Matth. Gesner (Thes. L. L. col. 695, tom. 1), et J. Alb. Fabricius (Bibl. lat. du haut âge, édit. d'Ernesti, in 8, tome I, pag. 205).

(70) Calantica. Tel est le nom de ce voile dans le fragment de cette oraison de Cicéron, que Nonius nous a conservé. Tunc cum vincirentur pedes fasciis, cum Calanticam capiti accommodares? Voyez Vossius et Gesner ci-dessus. Si M. Fred. Hildebrand l'avoit connu, il n'auroit pas pris ce nom pour celui d'une chaussure. V. son Livre int. Ant. Rom. in compendium redactæ, p. 61 ci-dessus.

(71) Calautica. Vossius dit, ibidem, qu'on trouve ce voile sous cet autre nom dans un ms. de Nonius, et dans les Pandectes Florentines, d'après Ulpien (ibid. p. 107, col. 1). Philoxene change ce nom en celui de cacautica. Il y a apparence que c'est une faute de copiste. (Vossius, et Gesner ci-dessus).

(72) Calatica. Vossius dit encore, ibid. que ce voile porte ce troisieme nom dans quatre éditions du Comment. de Servius sur Virgile, imprimées l'une à Vicence en 1479, l'autre à Milan en 1480, la troisieme à Venise en 1486, et la quatrieme encore à Milan en 1526. Ces quatre éditions sont vraisemblablement calquées sur celle que Valdarfer a imprimée in fol. en 1741, dont j'ai parlé ci-dessus pag. 45, note 22, et que G. J. Vossius n'a pas connue, puisqu'on y trouve la même leçon.

Nicolas Mercier nous donne aussi ce voile sous ces trois noms, mais sans renvoyer aux auteurs desquels il les a empruntés, tome II du G. Dies c. n. v. in 8, pag. 221, col. 1.

L'auteur du Monde Primitif ne le connoît que sous le premier, ainsi fiez-vous à l'étymologie qu'il lui fabrique (tome VI, Origines lat. Ire part. col. 314). Il fait venir ce nom de celui de cal, qui désigne, selon lui, ce qui sert à renfermer. Il faut avoir bien peu d'esprit pour s'imaginer que quand les Romaines inventoient de nouvelles modes d'habits, d'ajustements et de coeffures, elles leur imposoient toujours des noms qui partoient d'une racine propre à en désigner l'usage. N'a-t'on pas vu dans le siècle dernier en France, des modes de femme à la Duchesse, au Solitaire, au Chou, au Mousquetaire, au Croissant, au Firmament, au dixieme Ciel, à la Souris (tome VI des Mém. de l'Acad. des Inscript. in 4, p. 736)? N'y en voit-on pas aujourd'hui à la Marlboroug, à la Beaumarchais, au Globe, et à la Mongolfier? La plupart des noms imposés à ces sortes d'objets sont purement arbitraires; ce sont des circonstances passageres qui leur donnent naissance chez toutes les nations. S'étudier à déterrer pour chacun d'eux une racine classique, c'est marcher à grands pas vers le ridicule. Tels sont tous les auteurs à systême, ils écartent tous les faits qui peuvent les ramener dans le chemin du vrai, et n'ont pas de plus grand plaisir, que celui de se laisser entraîner par les délires continuels d'une imagination séductrice dont chaque trait de leur plume indique les ridicules écarts. Ce n'est pas tout; Vossius en donnant l'étymologie de la seconde dénomination de ce voile (calautica) la tire du grec καλύπτω, et identifie ce même voile avec celui que les Grecs appelloient κάλυπτρα. L'auteur du Monde Primitif le prend, au contraire, pour une cape (c'est-à-dire un manteau) de femme. (Voyez ci-dessus). On ne sçauroit nier que Vossius ne fût un sçavant d'une autre trempe, que celle de l'auteur du Monde Primitif; mais si quelque esprit prévenu en doutoit, qu'il s'adresse à Henri Étienne sur la signification du mot καλυπτρα (tome II de son Thes. L. Gr. col. 45), &c. et il verra s'il le prend pour un manteau de femme.

La premiere Encyclopédie dans l'article de ce voile, n'en dit que ceci.... Calantique, ornement de tête des femmes romaines, on ne sait rien de plus..... L'abbé Saas s'est moqué de ce bel éclaircissement; a-t-il eu tort? Voyez ses Lett. sur l'Enc. in 8. Amst. Isaac Tiron, M. DCC. LXIV.

(73) La Calantique prit aussi le nom de mitre dans le IIIe. siècle. Ce fut vers son commencement que Tertullien écrivit son traité... De Velandis Virginibus; il y dit que les mitres et les voiles de laine que les Romaines d'alors faisoient servir à leur coeffure, n'étoient employés sur leur tête, que pour être entortillés avec leurs cheveux... *Mitris et lanis non caput velant sed conligant: à fronte quidem protectæ, qua proprie autem caput est, nudæ....* Voyez le Gen. Dies, tome II, pag. 221, col. 1, d'après N. Mercier.

Nonius, qui florissoit quelques années avant Tertullien, nous peint la Calantique de la même façon... *Calantica, tegumen muliebre quod capiti innectitur...* Voyez Vossius et Gesner ci-dessus, note (69). Donc la coeffure qui sous Nonius s'appelloit Calantique, fut, sous Tertullien, nommée Mitre.

Quoique la Calantique n'ait reçu ce nouveau nom que dans le IIIe. siécle de l'Ere Chrétienne, ce n'est pas à dire que la Mitre des femmes ne fût pas connue bien des siècles avant; mais comme elle avoit tant de fois changé de forme, celle qu'elle eut du temps de Tertullien, s'accordant parfaitement avec celle qu'on donnoit alors à la Calantique, celle-ci fut identifiée avec elle. Cette identification duroit encore dans le Ve. siècle, puisque Servius dit que la Calantique de son temps répondoit à la Mitre des Phrygiennes. Voyez son comment. sur le 616e v. du IXe L. de l'Énéide.

Blasius Ortizius, Docteur en Droit Canonique et Chanoine de Tolede, qui nous a donné l'Itinéraire du Pape Adrien VI, imprimé pour la premiere fois en 1546, en cette ville, et réimprimé ensuite dans le IIIe tome du Miscellanea de Baluze, y présente la coeffure des femmes d'une ville par laquelle il étoit passé, sous le nom de Calantica. Mais le prend-il selon l'acception qu'il a eue dans son origine ou dans les siècles postérieurs dont j'ai parlé ? Il y a apparence que c'est selon sa signification primitive, et que par ce mot il n'a voulu désigner qu'un voile ; témoin son passage ..... Mulieres hujus civitatis ornantur mundo satis honesto, absque palliis, crinibus solutis sub calanticis. Voy. Du Cange, Gloss. Inf. Lat. édit. de 1731, tome II, col. 31.

(74) Caliendrum. Voyez Tertullien De Pallio, pag. 121 du tr. de Pileo. G. J. Vossius, en parlant de ce voile (pag. 109, col. 2, tom. I. Op.) ne renvoye pas à cet auteur; il en cite un autre qui lui est postérieur, c'est Arnobe, et en le citant il ne fait pas attention qu'il n'appelle pas ce voile Caliendrum comme Tertullien, mais Caliandrium. J. M. Gesner (tom. I Th. L. L. col. 699) en renvoyant à Arnobe, suit la leçon que lui prête Vossius. Th. Raynaud (De Pileo, pag. 121) est plus exact qu'eux. Il est sûr que la leçon de Tertullien est préférable à celle d'Arnobe. Horace dit avant l'un et l'autre, Caliendrum, et non pas Caliandrium, Satyr. VIII, L. I, v. 47. Il a vraisemblablement tiré ce mot d'un traité de Varron que nous n'avons plus. Il étoit intitulé, Virgula Divina. C'est un ancien Scholiaste d'Horace qui y renvoye.

Croire que l'auteur du M. Pr. indique ces deux leçons, ce seroit lui supposer une exactitude qu'il n'a pas; il ne mentionne que la premiere, et les deux acceptions qu'il lui donne sont fausses, ainsi que nous le verrons bientôt. Voyez tome VI, orig. lat. Ire. part. col. 314.

(75) Turnebe (Adv. L. VII, c. 20), Theoph. Raynaud (De Pileo, p. 121, et Gisbert Cuper, (Observ. libri tres, Ultraj. Petr. Elzevier, CID. IDC. LXX, in 8, c. XIV, L. III, pag. 320), &c. ne regardent le Caliendrum que comme un voile. Cuper ajoute que ce voile étoit le Flammeum des nouvelles mariées. H. Étienne le dit avant lui, tom. II Thes. L. G. col. 43. Turnebe (Adv. L. XXIII, c. 27) le restreint, au contraire, aux Reines et aux Déesses.

(76) Acron (sur Horace), Rhodigin (Lect. Ant. L. XVIII, c. 10, pag. 687 de l'édit. déja citée). Lambin (pag. 121 du tr. De Pileo), Meursius (L. VI, Crit. Arnob. c. 8 tom. VI Operum, col. 185), et J. Matth. Gesner, tom. I Th. L. L. col. 699), ne le prennent que pour une perruque. Rhodigin dit qu'Horace le nomme Caliendrium : il peut l'avoir vu ainsi dans quelque ms. ou dans quelque édit. du XVe. siecle. Mais la leçon de ce poëte qui est la plus usitée est Caliendrum. Rhodigin ajoute que ce mot répond à celui que les Grecs nommoient φενάκη : cela étant, le mot ganacho des Provençaux, qui signifie une vilaine perruque, n'est qu'une corruption du nom φενάκη.

(77) Le mot Caliendrum signifie, dans Tertullien, un voile, et dans Horace, une perruque. La maniere, dont ils en parlent l'un et l'autre, prouve ces deux acceptions. Donc les auteurs, qui d'après un ancien Scholiaste d'Horace, cité par G. J. Vossius (ci-dessus note 74) ne lui en donnent qu'une, se trompent. Puisque j'ai prouvé et fixé avec la derniere précision les deux significations de ce mot, que doit-on penser de celles qu'on en trouve dans le M. Pr. (ci-dessus note 74) ? Le mot Caliendrum y signifie une coeffe de femme, une coeffure. Une coeffe n'est pas un voile, et une coeffure n'est pas une perruque. Donc les deux acceptions, qui y sont attribuées à ce mot, sont fausses.

(78) C'est ce qu'attestent l'abbé Fleury, les Auteurs de l'Hist. Univ. en anglois, Christophe Fred. Schindler, et Jean Gottl. Carpzovius. Voyez ci-dessus note (41).

(79) Rébecca venant de la Chaldée et appercevant Isaac, se couvre aussitôt de son voile, que les Septante appellent θέριστρον (c. 24 de la Genese et 65). L'auteur de la Vulgate dit que ce fut avec un pan de son pallium. Les Septante répetent le même mot dans le IIIe ch. d'Isaïe et 21=24, et la Vulgate le traduit en cet endroit par celui de theristrum. S. Jérôme dit qu'il signifie un manteau dont les femmes

de l'Arabie, de son temps, jettoient un pan sur leur tête pour s'en former un voile..... Theristrum pallium dicitur. Genus etiam nunc Arabici vestimenti quo mulieres provinciæ istius velantur. Voyez son tradit. Hebr. in Genesim.... C'est ce que Rhodigin (Liv. XIII, c. VII, Ant. Lect. pag. 474 de l'éd. précéd.) observe d'après lui.

Si l'Auteur du M. Prim. eût été plus sçavant, il auroit consulté ces deux auteurs, et ne se seroit pas borné à dire que ce mot signifie un habit d'été, une faucille, tome IX, Orig. Gr. col. 363. Il est vrai que Rhodigin, en revenant à ce mot dans son XVIe Liv. (ch. XI. p. 600,) ne lui donne plus la même signification, et l'interprete au contraire comme l'auteur du Monde Primitif. Mais ou ce mot avoit deux acceptions, ou il n'en avoit qu'une : s'il en avoit deux, Rhodigin explique dans son XVIe Liv. ce qu'il a omis dans son XIIIe. Si ce mot n'en avoit qu'une, cet auteur se contredit, et je préfere à son témoignage celui de *Saint Jérôme*. C'est ainsi que Bayfius et Ch. Estienne son abréviateur, qui en ont copié le second endroit, auroient dû raisonner; et ils auroient épargné à l'auteur du Monde Primitif, qui n'est que leur *plagiaire*, l'omission ou l'erreur que je lui reproche. Au reste, le mot Theristre sert de titre à un ouvrage de Sébastien Rouillard, sur le voile des Religieuses de Notre-Dame de Troies.

Voilà pour le voile des Femmes juives. On peut consulter pour celui des Syriennes, Vaillant, pag. 139, 193, &c. Hist. Seleucid. H. Com. in-fol. M. DCC. XXXII, et les N°s 17 et 20 de la IIIe. planche des Rois et Reines de Syrie, par J. Jacq. Gesner, &c.

(80) Voyez Saint Jérôme sur le voile des Femmes Arabes, (note précédente). Tertull. (De vel. Virg. dans le Tr. de Kirchmann, int. De Funer. R. L. 2, c. 16, p. 199 de l'édit. déja citée,) observe qu'elles ne se couvroient pas toute la tête, mais presque tout le visage.

(81) Joseph rapporte une loi des Perses, qui défendoit aux femmes de se montrer à d'autres qu'à leurs maris. Voyez ses Antiq. L. XI, c. 6, pag. 567, tome Ier de l'édit. ci-dessus.

Kirchmann mentionne cette loi d'après Joseph, pag. 199, ibid. ci-devant. Mais il se trompe en renvoyant au L. II des Antiq. de cet auteur. Cette loi des Perses équivaloit certainement à celle qui prescrivoit un voile aux femmes chez d'autres peuples.

(82) Voyez Vaillant (pag. 42, 43, 44, 120, 121, 129, 130, &c. de son Hist. Ptol. Amst. &c. M. DCC. I, in fol.), &c. Gesner, pl. I des Rois d'Egypte, n. 20, pl. II, n. 17.

Ces deux auteurs ne prouvent que pour les Egyptiennes du temps des Ptolémées ; mais il est indubitable que celles des temps supérieurs étoient aussi voilées. Schindler (pag. 19, de Velato Hebræorum Gynæceo) l'assure d'après un passage d'un livre allemand publié par Meisner. Quand même ce fait ne seroit pas parfaitement prouvé par l'auteur auquel Schindler renvoye, il ne seroit pas moins vrai. Il y avoit en Egypte, pour les femmes au-dessus des classes abjectes, la même clôture que chez les Perses. Cette loi valoit celle du voile. Plutarque dit (dans son *Conjugalia Præcepta*), qu'il leur étoit défendu de porter des souliers, par conséquent toute autre chaussure équivalente. D'après cette défense, comment seroient-elles sorties, puisque d'un autre côté leurs maris improuvoient qu'elles parussent en public sans la chaussure qui leur étoit interdite ?

Cette observation n'est pas échappée à l'Auteur des Recherches sur les Egyptiens et les Chinois (tome Ier, pag. 43 de l'édit. originale). Si l'Abbé Winckelmann se fût rappellé cette anecdote de Plutarque, il auroit découvert au moins une des raisons pour lesquelles les Artistes Egyptiens ne donnoient ni sandales ni souliers à leurs figures de l'un et de l'autre sexe (tome Ier, Hist. de l'Art. édit. de Paris, in 8, pag. 85). Puisque les femmes n'en portoient pas, ils étoient obligés de les représenter sans cette chaussure. Pourquoi leurs figures d'hommes n'étoient-elles pas chaussées, quoique les Égyptiens eussent des souliers, (Isaïe, ch. 20, ỹ. 4)? Je l'ignore.

Il est encore certain que les Égyptiennes avoient une coëffure qui leur serrant la tête, et descendant par derriere jusque sur leurs épaules, ne laissoit à découvert par devant que leur visage, leurs oreilles, et quelques cheveux de chaque côté.

On peut s'en convaincre par les monuments que Kircher et Casalius ont fait graver, l'un dans son Œdipus Ægypt. tome IIIe, et l'autre pag. 30 de son Tr. intit. de Veteribus Ægyptiorum Ritibus, in 4, Romæ, &c. M. D. C. XLIV.

Une coëffure aussi peu galante, et qui avoit une tournure cent fois plus grotesque que celle de nos Religieuses les plus austeres, feroit seule soupçonner la loi de la clôture, quand même l'anecdote de Plutarque ne la certifieroit pas. Les plis nombreux dont elle étoit chargée prouvent que lorsque les Égyptiens introduisoient leurs amis ou des étrangers dans l'intérieur de leur maison, leurs femmes la déplissoient et en laissoient tomber une partie sur leur visage. Ainsi les femmes de ce pays étoient certainement voilées; et c'est de cette façon qu'Hérodote, Diodore de Sicile et Pomponius Mela auroient dû nous les représenter.

(83) Comme les vierges étoient voilées chez les Carthaginois ainsi que chez les Juifs (ci-dessus notes 41 et 42), à plus forte raison les femmes devoient l'être.

(84) Les Grecques en général. Voyez Nic. Mercier sur le Gen. Dies, tome Ier, pag. 275, col. 1re, note 1; Kirchmann, de Funerib. R. L. II, c. 16, pag. 192, et Feithius, Antiq. Homericæ, L. III, c. 7, §. 11, pag. 244 et 577.

(85) Et principalement les Lacédémoniennes. Voyez ci-dessus note (35).

(86) Les Macédoniennes. Voyez une médaille d'Olympias, mere d'Alex. le Grand, n. 14 de la planche 5 des Rois de Macédoine, par Jean-Jacques Gesner, &c.

(87) Les Chélidoniennes. Voyez Plutarque, problême 162, et Tiraqueau sur le Gen. Dies, tome Ier, pag. 275, col. 2.

(88) Rhodigin (Lect. Ant. L. XIII, c. 6, pag. 473 de l'édit. ci-dessus).

(89) Kirchmann (De Funer. Rom. pag. 198, L. II c. 16.

Les Chélidoniennes habitoient les Isles Chélidonies, qui sont trois petites Isles de la Natolie. On les trouve à l'entrée du Golfe de Satalie, dans la Méditerranée. Ainsi ces deux auteurs se sont trompés en les confondant, l'un avec les Chalcédoniennes, et l'autre avec les Calédoniennes. La Calédonie comprenoit anciennement les Provinces d'Ecosse qu'on nomme aujourd'hui Ross, Locquabyr et Athol. Celui qui les confondroit avec les Calydoniennes se tromperoit aussi. Calydon étoit une ancienne ville de l'Etolie, dans la Grece, et la Capitale d'un petit Royaume de ce nom.

(90) Voyez diverses médailles de Philistis, Reine de Sicile, pl. III des Rois de Sicile, dans Gesner, N. 3, 4, 5, 6, 7, 8. Voyez-en aussi une d'Eacide, mere de Pyrrhus, ibid. pl. IV, n. 19.

(91) Les Germaines. Voyez l'Antiq. Germanor. par Cleffelius, pag. 284.

(92) Les Espagnoles. Voyez Strabon qui l'affirme d'après Artemidore, principalement de celles qui habitoient les côtes septentrionales, L. III, pag. 249 de l'édit. de 1707, aliàs 164. Don Martin qui cite Strabon à cette occasion, auroit dû donner à son passage, la même restriction que je lui donne. (Hist. des Gaules, tome I, pag. 640 et 641.

(93) Les Hibernoises. Voyez pag. 62 du Jac. Waræi De Hiberniâ, ci-dessus, note (37).

(94) Les Vierges Gauloises partageoient leurs cheveux au milieu du front, si la statue qui est gravée

sur la VIIᵉ pl. de l'Explic. de Div. Monum. Sing. par. D. Martin, pag. 294, in 4, en représente une. Il est sûr que les dames romaines suivoient cet usage. Crinibus à fronte divisis apertam professæ mulieritatem. Tertull. de velandis virginibus. Voyez aussi J. Lipse, Antiq. lect. L. III, pag. 370, Tome I, Op. in 8, (sine anno) Vesaliæ Andreas ab Hoogenhuysen, Nic. Mercier sur le Gen. Dies, Tome II, pag. 220, col. 2, et le Polymathia Laurentii, pag. 369, col. 1, in initio, où l'on trouve un renvoi à cet endroit de Nic. Mercier, exprimé de la maniere la plus vague. Le prénom de l'auteur et son ouvrage, n'y sont pas indiqués.

(95) Voyez la note précédente, et principalement N. Mercier, ci-dessus pag. 220, col. 1 et 2.

(96) Voyez l'Explic. de plusieurs textes de l'écrit. par D. Martin, Paris, Emery, M. DCC. XXX, in 4, 2 Tom. pag. 260 du Tome Iᵉʳ.

(97) Les cheveux épars étoient, dans la Grece, le symbole de la virginité. Voyez Aless. d'Aless. dans son Gen. Dies, L. V, c. XVIII, pag. 220, Tome II, in 8. Paschalius de Coronis, L. II, c. 15, pag. 125. Schmeizel (ci-dessus) pag. 28, et l'Explic. de plusieurs textes de l'Ecriture-Sainte ci-dessus. Achilles Tatius le dit avant eux, Liv. I. Voyez le verso du second feuillet de l'édit. de Commelin, in 8, 1601.

(98) De Lacédémone en particulier. Virgile s'explique d'une manière très-précise sur la chevelure de ces Vierges : il peint (dans le Iᵉʳ Livre de son Énéide, v. 315 = 319) Vénus qui chasse au milieu d'une forêt, sous l'air et le costume des Vierges de l'antiquité, et principalement de celles de Sparte, dont il lui donne les armes. Sa chevelure est par conséquent flottante.

> Virginis os habitumque gerens, & virginis arma
> Spartanæ. . . . .
> . . . .
> Namque humeris de more habilem fuspenderat arcum
> Venatrix, dederatque comam diffundere ventis.

C'est d'après ces vers que D. Martin (Tome I, p. 261, ci-dessus, note 96) fait de cette chevelure un attribut des vierges de Sparte. Outre que sa citation est infidele, il a tort d'en borner l'explication à ces vierges. Paschalius l'étend, au contraire, à toutes celles de la Grece (De Coronis, Liv. II, c. 15, pag. 125, in 8.) Pour Cragius, je ne le comprends pas; il veut que Virgile nous représente en cet endroit, sous ce costume, non les Vierges, mais les femmes de Lacédémone. (De Rep. Lacedæm. L. III, Instit. IV, pag. 256, in 8). Telle est l'exactitude des auteurs, qui se servent de certains passages empruntés sans les vérifier.

(99) De la Germanie, Cleffelius ci-dessus, pag. 342. Il y ajoute que les Lombardes suivoient le même usage.

(100) Sur leur Patagium. Giuseppe Lorenzo (en latin Josephus Laurentius) prend le Patagium pour une chlamyde brochée d'or, qu'on mettoit sur une tunique très précieuse... aurea chlamys, quæ pretiosis tunicis superindui solet, &c. Voyez son Polymathia, pag. 216, col. 2.

Voilà deux erreurs en peu de mots. Le Patagium n'étoit pas un vêtement. En eût-il été un? il n'étoit pas commun, chez les Romains, aux deux sexes. M. Fred. Hildebrand copie d'abord ces deux erreurs (dans son Antiq. Rom. in compendium redactæ, pag. 297, Ultraj. Jo. Visch, 1713, in 12). Il se contredit ensuite en citant Festus, dont voici le passage : Patagium est quod ad summam tunicam assui solet. (Voyez ce passage dans l'Etym. L. L. de Vossius, Tome Iᵉʳ, Op. p. 434, col. 1, Gesner, N. Thes. L. L. tome III, c. 722 ; Ferrarius, De re vestiariâ, pars 1ᵃ, L. III, c. 20, pag. 239, et Alb. Rubens, De Re Vest. Vet. Antuerpiæ, &c. M. C. LXV, in 4, L. I, c. 1, pag. 12).

On voit donc d'après cet auteur, que le Patagium n'étoit pas un vêtement, mais un collet, qu'on attachoit (à grands ou à petits points) au haut d'une tunique. Nonius dit qu'il étoit broché d'or, et il lui donne le nom de Clavus... Aureus Clavus qui pretiosis vestibus immitti solet (V. Vossius, Gesner et Ferrarius ci-dessus). Tertullien répete, d'après Nonius, que l'or éclatoit sur ce collet... omni patagio inauratior (Ferrarius ibid). Comment l'or y étoit-il placé? c'étoit vraisemblablement en forme de têtes de clous. C'est ce dont Ferrarius ne disconvient pas (Voyez pag. 5 de son Analecta). Phil. Beroalde l'anc. qui prétend que ce collet étoit de lin, se trompe. (Voyez Gesner ci-dessus; mais il auroit pu mieux désigner le Beroalde auquel il renvoye).

Le Patagium étoit aux femmes, ce que le Clavus Purpureus étoit aux hommes; c'est ce qu'observe Jos. Scaliger dans Vossius et Gesner (ci-dessus). Mais en le décrivant il a tort de dire qu'il n'étoit pas cousu, et que les bouts en descendoient sur le sein. Vossius et Gesner auroient dû le relever là-dessus. Ferrarius n'y a pas manqué, et il a en même-temps reproché à Cujas d'avoir fait les mêmes fautes. (Voyez son Analecta, pag. 4, c. 2). Que penser de l'exactitude de l'Auteur du Monde Primitif, qui les a renouvellées, pour n'avoir pas sçu profiter de la critique qui en a été faite depuis plus d'un siécle. (Voyez son VIIe tome, Orig. Lat. 2de part. col. 1435)? Ce collet s'attachoit à une robe de femme, et cette robe étoit de pourpre (Ferrarius, Anal. pag. 5, c. 2).

L'étymologie de ce mot donnée par l'Auteur du M. Primitif, est entierement absurde (ibid.). Il le dérive de la racine Pat qui, selon lui, signifie étendu. Y a-t-il une imagination plus heureuse que celle qui, d'un collet de robe, fait une piece étendue? Scaliger (ci-dessus) &c. Saumaise sur Tertullien (pag. 5 de l'Anal. de Ferrarius), le tirent du verbe grec πατάσσω, qui répond aux mots latins Pulso Ferio; mais la maniere dont ils le font naître de ce mot, n'est pas la même. Comme Festus dit qu'il y avoit une maladie appellée en latin Patagus, Jos. Scaliger la regarde comme pestilentielle, et croit que son nom venoit de ce verbe, parce qu'elle couvroit de tâches le corps de ceux qui en étoient frappés. D'où il conclut que le Patagium n'a été appellé ainsi, qu'à cause de la ressemblance de ses mouchetures avec les taches occasionnées par cette maladie (Voyez Vossius ci-dessus). Saumaise prétend, au contraire, que comme on frappe sur un clou pour l'enfoncer, le Patagium n'a eu un tel nom, qu'à cause que ses mouchetures y paroissoient enfoncées en forme de têtes de clous. De ces deux explications, c'est la derniere que je préfere; elle concorde parfaitement avec le nom de Clavus que Nonius donne à ce collet. Si l'Auteur du M. Primitif eût été plus versé dans l'Histoire Philologique, ces deux explications lui auroient appris à classer le mot Patagium dans ses Origines Grecques parmi les dérivés du même verbe, où c'est en vain qu'on le cherche (Tome IX, col. 714).

Je n'ai sous la main aucune Encyclopédie, c'est un martyre de moins pour moi. Je doute que ce qu'on lit sur le Patagium dans ces sortes de fatras, auxquels l'avidité bibliopolique, et la précipitation des coopérateurs donnent une naissance si prématurée, y soit conforme à ce que je viens d'en dire. Des articles de cette espece, quoique très courts, demandent une intelligence très forte, des idées très précises, une lecture très vaste, et beaucoup d'art pour l'assemblage combiné et juste des petites pieces de rapport qui les composent. Il n'y a que ceux qui sont en état de les traiter, qui soient autorisés à en juger.

(101) Voyez N. Mercier sur Aless. d'Aless. T. II, Liv. V, c. XVIII, p. 220, col. 2. Capillos puellæ demittebant deorsum, versum in humeros, et pone tergum : et tunc esse in cincinnis dicebantur. Hi capilli, aliquâ ratione intorti erant.

(102) Gesner (T. I, N. Th. L. L. col. 693.) et l'Aut. du M. Primit. (T. VII, Orig. Lat. Ire,

partie, col. 306,) ne parlent pas de cette sorte d'aiguille. Rhodigin (L. XVIII, c. X, Antiq. Lect. p. 687, de l'édition ci-dessus,) et G. J. Vossius, (Etym. L. L. T. I, Op. p. 106, col. 1,) ne font pas la même omission: mais ils auroient dû ajouter, d'après l'épigr. de Martial intit. Acus Aurea, que cette espece d'aiguille n'étoit pas toujours de roseau, et qu'elle étoit quelquefois d'or. Pignorius (De Servis, p. 410, in-12. Amst. 1674,) et G. Bartholin (De inauribus Vet, Amst. M. DC. LXXVI. in-16. p. 32,) ont mentionné, sans avoir recours à cette piece de Martial, ces aiguilles de luxe; et ils ont dit de plus qu'il y en avoit quelques unes qui étoient garnies de perles ou de pierreries.

(103) G. J. Vossius, et Gesner (ci-dessus,) Pignorius ibid. p. 400, Servius sur Virgile (Æn. Liv. XII, ℣. 100, T. III, p. 851, col. 1, de l'édit. C. N. V. et Isidore, Orig. Liv. XX. c. XIII.)

(104) La mode des grands chignons flottants de nos jours, me fait expliquer ainsi un passage d'Apulée qui est très obscur. Le voici : .... Crines, dit cet auteur en parlant de Photis, habet leviter demissos, et cervice dependulos, ac deinde per colla dispositos, sensimque sinuato patagio residentes : quos tansisper ad finem conglobatos, in summum verticem nodus astringit..... Si je ne l'ai pas deviné, je me console de mon peu d'intelligence en voyant que Ferrarius l'a beaucoup moins entendu que moi. (Anal c. II, p. 5 et 6). La maniere même dont il le rapporte est très infidele. On peut en juger en comparant sa leçon avec celle de Nicolas Mercier; (voyez le Gen. Dies, T. II, in-8. p. 220, col. 2). Son infidélité ne vient que de l'embarras où il s'est trouvé pour l'expliquer. C'est en quoi je ne sçaurois l'approuver. Quand on n'a pas assez de lumieres pour expliquer un texte, il ne faut pas le tourmenter et encore moins le mutiler pour le faire cadrer avec ses idées. On doit au contraire avoir la bonne foi d'avouer qu'on ne le comprend pas, & en abandonner l'explication, ainsi que je le fais très volontiers, à ceux que la nature aura doués de plus de sagacité.

Tout ce qu'on peut m'objecter, c'est que la coëffure de la Photis d'Apulée est plutôt celle d'une servante, que celle d'une vierge romaine; et c'est bien en ce sens que Nic. Mercier le prend. Mais cette objection est très facile à réfuter. Je parle dans mon discours de la coëffure des Vierges Romaines du temps d'Auguste; et je me sers de celle qu'Apulée attribue aux servantes de son temps, pour arriver à celle des Vierges du regne de cet Empereur. Je juge des modes d'autrefois par les modernes. Ce sont ordinairement les personnes d'une classe supérieure, qui sont les premieres à porter les nouvelles coëffures. Quand elles s'en dégoûtent, celles d'un état inférieur, qui ne les ont adoptées que beaucoup plus tard, les conservent encore pendant très long-temps; quoiqu'elles aient été déja remplacées par d'autres plus nouvelles. Ce qui les force à ne pas les quitter sitôt, c'est que leur fortune est plus bornée. Ainsi la coëffure des servantes du temps d'Apulée indique que les Vierges Romaines l'avoient portée autrefois. Les servantes chez les Romains étoient nommées Puellæ. Cette épithete désignoit ordinairement chez eux des personnes du sexe qui n'étoient pas mariées. Il est vrai qu'Horace l'applique à des femmes, et même enceintes. (Carm. Liv. III, Od. XXII. ℣. 2,)

   Laborantes utero puellas.....,

et qu'Ovide va encore plus loin en la donnant à des veuves, (Fastor. Liv. II, ℣. 557).

     Viduæ cessate puellæ.....

Mais ces exemples qui sont très-rares, et qui sont plus propres aux Poëtes Latins qu'aux auteurs de prose, ne dérogent que foiblement à l'acception commune de ce mot.

(105) Voyez Homere, Iliade Ξ, ỳ. 176, T. I, p. 429 de l'édit. des Elz. Amst. cIɔIɔcLVI, in 4, 2 T.

(106) Tel est le nom que N. Mercier donne à la coëffure dont il est question dans le passage précédent d'Apulée. Il appelle également du même nom une autre coëffure des Vierges décrite par Tertullien..... Virgineæ comæ habitus ipse proprie sic est, ut concumulata in verticem, ipsam capitis arcem ambitu crinium contegat..... (In Gen. Dies, T. II, p. 220, col. 2).

Le mot Κόρυμβος avoit chez les Grecs, diverses acceptions, soit au propre, soit au figuré. On peut les voir, non dans le Monde Primitif (T. IX, Orig. Gr. c. 506), mais dans le Thr. de la L. G. par H. Estienne (T. II, c. 385 = 386), où elles sont beaucoup plus détaillées et bien mieux rendues. Néanmoins il ne faut pas s'attendre à les y trouver toutes ; H. Estienne y en a omis une que Rhodigin nous indique (L. IX, c. 22, p. 344). Quoiqu'il ne cite pas la source d'où il l'a tirée, j'ai découvert que c'est du Scholiaste de Théocrite qu'il l'a empruntée (ỳ. 18, Idyll 2). Ce Scholiaste observe que les Athéniens donnoient le nom de Corymbe à une figure magique que Théocrite appelle Rhombe (Idylle II, ỳ. 30). Il me paroît qu'il en eût très peu coûté à H. Estienne, de ne pas omettre cette acception sous le mot Κόρυμβος, puisqu'il l'a donnée ensuite sous celui de Ρόμβος, Tom. III, col. 675). Mais l'érudition ne peut être traitée d'une manière parfaite, que lorsqu'elle émane d'une mémoire des plus fidèles et des plus fortes.

Si cette acception a été omise par un Sçavant tel que H. Estienne, la trouvera-t-on dans le Monde Primitif (Voyez ci-dessus) ? Que nos Francs-Maçons littéraires françois qu'une érudition charlatane stupéfie si aisément, l'y cherchent ; et ils verront s'ils y seront bien payés de leur recherche.

Ceux qui ajouteront foi à Giuseppe Lorenzo, se croiront en droit de reprocher à H. Estienne, d'avoir encore omis une autre acception de ce mot. Il prétend dans son Polymathia (Sect. V, pag 213, col. 1) que le nom de Corymbe signifioit aussi un vêtement, et il fonde sa prétention sur l'autorité de Rhodigin, dont il n'indique ni le livre ni le chapitre. Mais il l'a très mal lu, et en voici la preuve. Il dit que cet auteur identifie, au même endroit, le Corymbe avec la Cosymbe. Or le Chapitre, où Rhodigin parle et du Corymbe et de la Cosymbe, est le Ve. de son XXVIIIe. Livre (pag. 1067 de l'édit. déjà citée). Il est vrai qu'il y fait de la Cosymbe, un vêtement ; mais il ne dit pas que le Corymbe en soit aussi un ; il est même si éloigné de cette idée, que la seule acception qu'il lui donne en cet endroit, n'est autre que celle de coëffure de femme. Croyez la plupart des auteurs sur leur parole, et vous ferez, avec eux, de beaux écarts. Mais ne déposons pas encore le glaive de la critique, et que Rhodigin en soit frappé à son tour. Où a-t-il pris que la Cosymbe étoit un vêtement ? H. Estienne en se servant des mêmes autorités qu'il a employées, n'en fait qu'une ceinture nouée dont on serroit une tunique, ou une frange dont on garnissoit le bas de certaines robes (Tome V, col. 1275). De-là les tuniques ou robes Cosymbotes dont parle Saint Jérôme. Mais comme H. Estienne en identifiant en cet endroit la Cosymbe avec l'ἐγκόμβωμα, ne s'y ressouvient pas d'avoir dit plus haut (même Tome, col. 803), que ce dernier mot signifie aussi un vêtement, faisons grace à Rhodigin de l'erreur que nous lui avons d'abord imputée ; s'ensuivra-t-il, pour cela, qu'il ait dit que le Corymbe étoit la même robe que la Cosymbe ? Non, certes. Cette erreur ne doit donc être mise que sur le compte de Giuseppe Lorenzo qui la lui prête.

Au reste Du-Cange, dans ses Glossaires, et l'Auteur du Monde Primitif, ne parlent ni de la

Cosymbe, ni des robes Cosymbotes; et c'est très mal-à-propos que J. G. Vossius fait de la Cosymbe une coeffure semblable au Corymbe. Voyez son Etymol. L. L, sous le mot Tutulus, col. 1, p. 621, Tom. I, Operum. Le mot Κόρυμβος passa des Grecs chez les Latins. Gesner, dans son N. Thrésor de la Langue Latine, rapporte plusieurs acceptions qu'il y obtint (Tome Ier, col. 1267) et 1268. L'Auteur du Monde Primitif, pour n'y avoir pas eu recours, en a oublié deux bien essentielles, telles que celles de coeffure de femme, et d'ornements de Navires (Tome VII, Orig. Lat. Ire part. c. 429). Nous devons la premiere à Pétrone; c'est sous ce nom qu'il désigne la coeffure de Tryphène, dans son Histoire d'Eumolpe, Gyton et Eucolpe, que Stellart a insérée toute entière dans son Tr. De Tonsuris Paganorum, &c. (c. XVI, pag. 73 = 89). La seconde, c'est Valerius Flaccus qui nous la fournit (L. Ier. ỳ. 273; L. IV, ỳ. 692; et L. VIII, ỳ. 194). Potter croit que les Latins ne plaçoient ces ornements que sur la prouë de leurs Navires (L. III, Archæol. Gr. c. XV, col. 513, in f. L. Bat. M. DCC. II). S'il avoit consulté Val. Flaccus, il lui auroit appris le contraire. Il parle des Corymbes de la pouppe dans le vers suivant (L. IV, ỳ. 692).

Saxa sed extremis tamen increpuere Corymbis.

Si la coeffure des Vierges, dont il est question dans mon Discours, portoit le nom de Corymbe, c'est que les Grecs se servant de ce mot dans le sens propre pour indiquer les sommets de tous les êtres physiques (summa omnia dici Corymba possunt, Homero adstipulante, Rhodig. L. III, cap. 23, pag. 98), l'employoient au figuré pour exprimer une coeffure relevée sur le sommet de la tête. Quoique dans Athenes cette coeffure fût commune aux femmes et aux hommes, on n'y donnoit le nom de Corymbe qu'à celle des femmes (Voyez dans l'édition de Thucydide donnée par Duker, le Scholiaste de cet Hist. pag. 6, L. I, c. 6; Rhodigin, L. XXVIII, c. 5, p. 1067, et H. Estienne, Tome V, col. 1303). Cela étant, pourquoi l'auteur du Monde Primitif s'est-il avisé de dire, de la manière la plus vague, que le Corymbe étoit une chevelure relevée et nouée en forme de Pyramide? En lui donnant une acception aussi générale (Tome IX, c. 506), que deviennent alors les différents noms que cette coeffure recevoit, non-seulement par rapport aux personnes de l'un et de l'autre sexe qui la portoient, mais encore par rapport aux mâles lorsqu'ils n'étoient encore, que garçons, ou qu'ils se marioient? D'ailleurs, quoique cette coeffure formât une élévation sur le sommet de la tête des Athéniens et des Athéniennes, les cheveux des mâles y étoient-ils ramenés du même endroit que ceux des femmes? Hesychius en disant que ceux des mâles y arrivoient du milieu du front, donne à entendre que ceux des femmes y remontoient de derrière le col (Voyez dans le Ve Tome du Thr. de H. Estienne, col. 1303, sous le mot Κρωβυλος).....
C'étoit vraisemblablement de la différente manière dont les deux sexes y dressoient leurs cheveux, que naissoient les différents noms de cette coeffure élevée. Ce n'est pas tout; ce mot signifioit-il toujours une pareille coeffure? Ne désignoit-il pas quelquefois un ornement étranger qu'on mettoit sur les cheveux (Alii comæ ornamentum esse dicunt..... H. Estienne, ibid. Tome II, col. 385? Cet ornement n'étoit-il pas d'or selon le rang et les facultés des personnes qui le portoient (Aureum Corymbum e capillis propendentem.... Rhodigin L. XXVIII, c. 5, pag. 1067)? Lit-on ces observations dans le Monde Primitif? Comme j'ai beaucoup connu son auteur, et que je l'ai sondé aussi profondément que je l'ai pu pendant plus de deux cents fois qu'il est venu me demander des renseignements dans la dernière bibliothèque du Duc de la Vallière, dont je suis le seul formateur, je n'ai jamais cessé de gémir avant qu'il publiât son ouvrage. Ses idées me paroissoient si embrouillées, si peu étendues, si mal rapprochées, et ses principes si extravagants, que j'entrevoyois d'avance le

déluge d'erreurs et le cahos ténébreux dont il a malheureusement couvert la République des Lettres.

Mais revenons au mot κόρυμβος, chez les Latins. Ils restreignirent sa signification figurée à la coeffure des Vierges, et y joignirent une lettre de plus pour celle des femmes. Divers mss. de Pétrone où la coeffure de Tryphene est nommée Corymbium, nous autorisent à ajouter foi à cette restriction. Nous suivons en cela Nicolas Mercier (Gen. Dies, Tome II, pag. 220, col. 2).

(107) Scorpius. Voyez le Scholiaste de Thucydide, Rhodigin, H. Estienne & N. Mercier dans la note précédente. L'Auteur du Monde Primitif définit cette coeffure dans ses Origines Lat. (Tome VII, part. 2, col. 1957)..... Manière d'ajuster les cheveux des enfants.... Quel homme de génie ! Le mot manière, qui est si générique, peut-il peindre la forme de cette coeffure ? Passons à ses Origines Grecques. C'est sous les noms de frisure hérissée, qu'il nous la représente (col. 490, Tome IX). Mais à quel sexe appartenoit-elle, et par quelles personnes du même sexe auquel elle appartenoit, étoit-elle portée ? C'est ce qu'il n'observe pas. De la colonne 490 des mêmes Origines, descendons à la 506, pour y relire la définition du Corymbe, dont le Scorpius ne différoit que de nom, d'après les auteurs que j'ai cités dans la note précédente et au commencement de celle-ci, nous y trouverons une coeffure relevée et nouée en forme de pyramide. Donc le Scorpius n'étoit pas une frisure hérissée ; ou si elle l'étoit, sa forme étoit pyramidale. Pourquoi cet auteur ne le dit-il pas ?

(108) Chez les femmes, Corymbium, voyez la note (106) in fine ; ou Tutulus, voyez sur cette dénomination, G. J. Vossius, (Etym. L. L, Tome I, Op. pag. 601, col. 1), et J. M. Gesner, Tome IV, col. 899. Le Tutulus formoit, du temps de Lucain, une espece de Tour sur la tête des Dames (Turritâque premens frontem matrona coronâ, L. II, ỳ. 358). Il avoit, dans le siècle de Varron, celle d'une borne ou d'un cône (De L. L, 6, 3, &c.). Comme l'auteur du Monde Primitif se plaît à être parfaitement original dans tout ce qu'il écrit ; le Tutulus étoit, selon lui, une touffe de cheveux sur le sommet de la tête, &c. (Orig. Lat. part. 2, Tome VII, col. 2009).

Philostrate le jeune dit, dans sa Peinture de Médée, qu'elle a été l'inventrice de cette mode. Voyez Fr. Junius de Pict. Vet. L. III, c. 9, pag. 234, in F. 1694. Son témoignage n'en imposera qu'à ceux qui croyent sans examen et sans preuves.

Crobulus. Voyez encore, sur ce mot, le Schol. de Thucydide, Rhodigin, H. Estienne, et Nic. Mercier, ci-dessus.

L'Auteur du Monde Primitif le définit..... Boucle de cheveux, cheveux naturellement bouclés, frisés). Orig. Gr. c. 518, Tome IX). Nouvelle preuve du peu d'ensemble de ses idées. Reconnoît-on dans une pareille définition, le Corymbe dont cette coeffure ne différoit également que de nom ? G. J. Vossius ne fait pas un article particulier du Crobulus dans son Etymol. L. L. Ce qu'il en dit sous celui du Corymbe est très inexact. Le Crobulus étoit, selon lui, la coeffure des Athéniens..... in capite Atticorum Tutulus seu meta, suggestus capillorum (p. 188, c. 1, Tome I, Op.). Thucyd. qui devoit en être mieux instruit que lui, en parle d'une manière bien différente. Il dit que cette coeffure n'existoit plus de son temps, et que lorsqu'elle étoit à la mode, elle n'étoit que pour les citoyens très riches, et d'un âge très avancé (L. I, c. 6, pag. 6, de l'édit. ci-dessus). Il y a apparence que le Corymbe et le Scorpius cesserent avec le Crobulus, et qu'ils n'appartenoient qu'aux Garçons, aux Vierges et aux Femmes d'une classe distinguée. Ce fut vraisemblablement la réformation de Solon qui fit tomber ces coeffures. Serons-nous plus éclairés par Math. Gesner sur le Crobulus, que nous ne l'avons été par G. J. Vossius ? Ouvrons son N. Thr. de la Langue Lat.

NOTES.

Il en parle en trois endroits différents, et c'est sous trois acceptions différentes qu'il le présente. Il en fait (Tome I, col. 1291), la coeffure des jeunes enfants, chez les Grecs..... Plexus capillorum pueritiæ apud Græcos. Je sçais que Suidas explique ce mot de la même façon, et qu'Hésychius lui avoit déjà donné, plusieurs siècles avant, une signification approchante. Admettons, pour un moment, les acceptions de ces deux auteurs; pourquoi Gesner se contredit-il ensuite (Tome IV, col. 576, sous le mot Scrobulus) en disant seulement qu'il étoit une coeffure Athénienne? Mais ce qui est plus fort, pourquoi contredit-il en ces deux endroits, ce qu'il en avoit déja dit (Tome I, col. 1267, dans son article du Corymbe)? N'y suit-il pas le Scholiaste de Thucydide, et y attribue-t-il cette coeffure à d'autres Grecs qu'à ceux d'Athènes, qui étoient mariés?

Outre l'acception que le Scholiaste de Thucydide donne au Crobulus. Ce mot signifioit encore, selon Xénophon, un ruban qui ornoit ou qui arrêtoit une coeffure. C'est d'après cet auteur que Servius, en changeant le genre de ce mot, l'explique ainsi.... reticulum quod colligit comas. Voy. son Comment. sur le 138ᵉ vers du IVᵉ Livre de l'Énéide, Tome II, in 8. C. N. V. pag. 677, col. 1.

Cette signification a aussi été omise par l'auteur du Monde Primitif (ci-dessus Orig. Gr.).

(109) N. Mercier, Tome II du Gen. Dies, pag. 220, col. 2. Consultez l'Auteur du M. Primitif sur ces deux coeffures, il vous en donnera deux explications merveilleuses. Cincinnatus, a, vous dira-t-il (col. 367, Tome VI, Orig. lat. Iʳᵉ partie), frisé, frisée. Demandez-lui ensuite la signification des mots Cirratus, a, il vous fera la même réponse. Qui a les cheveux frisés, répétera-t-il (col. 442, ibid.), et ce sera toute la satisfaction que vous en retirerez. Quel faiseur de livres! Quel Oëdipe dans les langues et dans les Antiquités! Quel homme plus étonnant dans l'art de comparer le Monde ancien avec le Monde moderne! Puisqu'il n'avoit rien de mieux à dire, que les auteurs que je releverai dans la note suivante, n'auroit-il pas dû se taire?

(110) Cincinni et Cirri. Ces mots signifient-ils la même frisure? N. Mercier, que je viens de citer, le nie, et il a raison. Henri Estienne, Schrevel, G. Jean Vossius, Nizolius, Francesco Stelluti; G. Bartholin, et Dodwell; &c. les identifient; ils se trompent). Voyez le Thr. de la L G. par H. Estienne au mot βόστρυχος, Tome Iᵉʳ, col. 1186, sous le mot Ἕλιξ, et col. 1589, aux mots πλόχος, πλόχαμος, et πλοχμός, Tome III, col. 360 et 361); au mot Στρόφος, même Tome, col. 1084; au mot Κίκινος, Tome V, col. 1214, et au mot Μαλλός, ibid. col. 1214); Schrevel (pag. 24 de son Lexicon Latino-Græcum imprimé à la fin de son Manuale Græco-Lat. Lugd. Bat. Ex Off. Fr. Hackii 1654, in 8, au mot Cirrus, et p. 105 de son Manuale, col. 2, au mot βόστρυχος, qu'il rend par celui de Cincinnus); G. J. Vossius (Etym. L. L, Tome I, Oper. pag. 157, col. 2; et pag. 160, col. 1, aux mots Cincinnus et Cirrus); Nizolius (col. 235 de son Thes. Ciceron); Franc. Stelluti (dans son Persio tradotto, &c. in Roma M DC XXX, &c. in 4, pag. 15, note 6); G. Bartholin (De Inauribus, c. 2, pag. 33 et 34); Dodwell, Exercitationes duæ: Prima de Ætate Phalaridis; secunda, de Ætate Pythag. Londini, &c. M DCC IV, in 8, pag. 156).

Je n'impute point la même erreur à Casaubon, à Kippingius, à Nieupoort, à le Fevre de Morsans, à l'abbé Nadal, et à Lens, puisqu'ils se sont dispensés de parler de ces deux frisures (Voyez Casaubon dans son Comment. sur Perse, in 8, Parisiis, M DC V, &c. p. 80 et 81; et l'abbé Nadal, dans son Mém. sur le Luxe des Dames Rom. Tome IV des Mém. de l'Acad. des Inscript. in 4, p. 230=234).

Il y a beaucoup d'Auteurs paresseux qui n'aspirent qu'à la fin de la tâche qu'ils ont prise, et qui se déchargent très volontiers des éclaircissements qu'ils doivent au public, sur ceux qui devant manier après eux la même matière, voudront la creuser avec plus de patience et de courage.

On a dans Théocrite (Idyl. xiv ỳ. 4), et dans Apulée (Métamorph. L. VIII, 212; d'après le N. Thr. de la L. lat. par Gesner, Tome I, col. 903), les noms Κικῖνοι et Cincinni. On lit dans Phèdre (L. II, F. 5), dans Perse (Satyr. I., ỳ. 29), et dans Suétone (Vie de Néron, c. XLV, pag. 723 de l'édit. d'Oudendorp), ceux de Cirri et Cirrati. Mais ces noms s'y trouvent sans explications. Comment les interprêter ? Divers autres auteurs, anciens et modernes, qui leur attachent une espece de description, nous font-ils mieux entendre ce qu'ils signifient? Varron (L. I, c. 31, n. 4, De Re Rusticâ), G. Bartholin (de Inauribus pag. 33), et J. M. Gesner (N. Thes. L. L, Tome I, col. 903 et 904), rendent le mot Cincinni par ceux-ci... Crines intorti. Papias (Tome II du Gloss. de la M. et B. Lat. par Du-Cange, dern. édit. col. 651) l'explique ainsi.... Capilli crispi pendentes. Cluvier, et d'après lui Cleffelius (Ant. Germ. pag. 311), l'interprêtent par celui de Flagella.

Quelle explication avons-nous du mot Cirri dans Philoxene (Glossæ vet.) et dans Varron (V. Nonius, L. ¶II., 196)? il signifie, selon eux, Μαλλὸς παιδίου, &c. et Crinis longior puerorum et adolescentulorum.

Casaubon (sur Suétone, dans le Polym. Laurentii, pag. 368, col. 2), G. J. Vossius (Etym. L. L. pag. 160, col. 1 et 2, Tome I, Op.), Giuseppe Lorenzo (Polymat. ci-devant), Kirchmann (De Annulis, c. 1, pag. 4, L. Bat. Hackii CIƆIƆCLXXII, in 12), et Pignorius (De Servis, pag. 462), le définissent... Trica catenata et intorta..... Crines in nodum religati.... annulus crinium..... crines leviter demissi.....

Ces explications sont-elles bien lumineuses et satisfaisantes? Les unes ne sont-elles pas trop vagues, les autres identiques, et les autres contradictoires? L'Art des Livres est le plus terrible de tous les Arts, lorsqu'on veut traiter à fond tous les objets qui entrent dans leur composition.

Qu'il y ait des auteurs négligents, je n'en suis pas surpris; mais leur négligence doit-elle toujours leur être imputée? Ne vient-elle pas trop souvent de l'ignorance du public qui n'apprécie aucunement les travaux exacts et profonds, ou qui n'en fait qu'un cas très médiocre? Ne vient-elle pas aussi de la disette des Mécènes qui devroient les faire valoir et leur obtenir des récompenses? Ne vient-elle pas encore de la plupart des Libraires et des Journalistes, dont les uns n'achetent que des mss. futiles et méprisables, et les autres très peu versés dans la matière du livre qu'ils annoncent, se font siffler, soit pour le bien, soit pour le mal qu'ils en disent ? Que les grands travaux soient honorés et récompensés, et toutes les Nations auront la gloire d'en posséder. C'est ce que dit Platon (L. VII, De Rep. Tome II, p. 528 de l'édit. de Serranus) en parlant de l'avilissement où étoit la Géométrie chez les Grecs de son temps. Y a-t-il un siècle où l'érudition soit plus méprisée que dans le nôtre? La France actuelle lui est-elle favorable? Les vapeurs de la fausse Philosophie dont elle est enivrée, ne l'en ont-elles pas presque entièrement bannie? Voit-on aujourd'hui beaucoup de Sçavants du premier ordre dans cette Nation devenue en général, si superficielle? Qu'on m'y montre de ces grands phénomènes littéraires qui y ont éclaté dans les deux derniers siècles, et qui y faisoient l'étonnement de tant d'autres Nations?

Peu s'en faut que leurs noms mêmes n'y soient totalement oubliés. Y entend-on souvent retentir ceux des Peiresc et des Saumaise? Par quels autres (j'arrête ma plume) n'y sont-ils pas remplacés?

Mais revenons à ces deux frisures. Ne trouverons-nous, dans l'Antiquité, aucun passage qui nous en fraie l'intelligence? Comment les mots Cincinni et Cirri ont-ils pu paroître synonymes aux auteurs que j'ai cités? Les langues-mères ont-elles plusieurs mots pour ne peindre qu'un seul et même objet? Leurs inventeurs ont-ils été assez imbéciles pour multiplier les signes de la même idée?

Le commerce de la parole, qui ne peut s'exercer avec trop de précision, de justesse et de clarté, exige-t-il cette multiplicité de représentations identiques? Les mots en descendant de leur institution à travers les siècles, ne s'y chargent-ils pas d'idées accessoires? Si dans le commencement on en établit plusieurs pour signifier le même être, quand ces mots passeront de génération en génération, leurs créateurs renaîtront-ils pour ne laisser prendre à chacun d'eux, que la même accession d'idées, afin qu'ils soient toujours parfaitement synonymes? Puisque cette renaissance est impossible, ceux qui leur auront succédé auront-ils hérité de leur esprit et de leur intention pour péser dans la balance la plus exacte, cette parfaite synonymie? Penser ainsi, c'est penser d'une manière absurde. Les synonymistes, dans l'espece dont je parle, brusquent les différences des idées, parcequ'ils n'ont pas assez d'intelligence et de sagacité pour les appercevoir, et ils ne sont que des êtres bornés, tranchants et avantageux. De pareils hommes méritent-ils d'être écoutés? Quand nous nous représentons les instituteurs des Langues, il faut que la peinture sous laquelle nous nous les retraçons, nous les montre agissants de la même manière, que nous aurions agi nous-mêmes, si nous avions été à leur place, à moins que l'évidence nous force à croire le contraire.

Qu'on trouve des synonymes dans les langues des Peuples qui ont subi le joug de différents vainqueurs, je le veux; leur fonds ne s'étant accru que des débris de celles de leurs conquérants, elles ont nécessairement divers mots pour la représentation de la même idée. Mais peut-on en dire autant de la langue Latine? Cette synonymie n'est donc qu'une pure rêverie?

La découverte étymologique de ces deux mots doit aider à fixer leur signification respective. Les différentes sources desquelles on les verroit émaner, indiqueroient nécessairement la différence d'idée qui est propre à l'un et à l'autre; mais cette découverte est très difficile. Si je me mettois malheureusement au nombre des plats admirateurs du Monde Primitif, je franchirois bien vîte l'embarras où elle me jette. L'auteur de ce Livre que l'ignorance apothéosera un jour sous le nom de Dieu des Langues, n'est arrêté par aucun lien, quelque fort qu'il puisse être; il veut tout deviner. Qu'il falsifie les significations, et qu'il se contredise ensuite, après les avoir falsifiées, il ne s'en met aucunement en peine. Il connoît son siècle et il est assuré de son Mesmérisme Glossographique. D'où vient, selon lui, le mot Cincinnus? C'est de celui de Cinnus, qu'il prétend signifier une boucle de cheveux faite en forme de tuyau (Tome VI, Orig. lat. Ire part. c. 376=367). Où a-t-il pris cette signification? Dans sa tête. La garantit-il par quelque texte latin? Il n'en cite aucun. Les auteurs qui nous ont transmis ce mot, l'interprêtent-ils comme lui? Non. Que signifie-t-il dans Nonius? Mélange, mixtion de matières, soit solides, soit liquides (Voy. le Ier Tome du N. Th. L. L. par J. M. Gesner, col. 909; le Prima Scaligerana, Tome II, pag. 52, Amst. Cóvens, &c. M DCC XL, in 12, IIe Tome, et l'Etymol. L. L. par G. J. Vossius, sous le mot Cocetum, pag. 169, col. 1, Tome I, Op.). Cicéron lui donne-t-il le même sens dans son Tr. intit. Orator? Oui, et ce mot n'en comporte point d'autre dans la construction figurée où il l'employe. C'est donc mal-à-propos que l'ignorance de certains correcteurs l'a remplacé par celui de Vicinus dans plusieurs éditions de ce livre, et principalement dans celle des Elzeviers (Voyez le Ier Tome de leur édit. des Œuvres de Cicéron, in 12, Lugd. Bat. 1642, pag. 624. On doit la restitution de cette leçon à Joachim Camerarius. Elle est échappée à Nizolius (col. 235) et à Dolet, s'il faut en juger par son abbréviateur. (Voy. le Formulæ Linguæ Lat. elegantiores, &c. Argentorati, in 8, M DLXXVI, Josias Rihelius, col. 235). Gruter a eu le front de se l'approprier. Isaac Verburge a découvert son plagiat (édit. des Œuvres de Cic. Amst. &c. M DCC XXIV, in 4, Tome Ier, pag. 246, note 4, col. 1). C'est ce que J. Math. Gesner. (ci-dessus) n'a pas sçu. Telle est l'origine que l'Auteur du M. P. donne au mot Cincinnus. Il signifie, selon lui, une petite boucle de cheveux, dont il ne marque pas la forme (ibid.), & n'est qu'un diminutif de celui de Cinnus. La manière dont il forme ce prétendu diminutif est plus que surprenante; c'est en prenant réduplicativement sa racine. Ainsi le mot Cancan, qui n'est qu'une réduplication de celui de Can, au lieu de signifier des cris redoublés, n'exprimera plus, selon sa méthode, qu'un petit cri. Peut-on empêcher quelqu'un de délirer ? Je crois la chose impossible. Si l'Auteur du M. P. avoit eu l'esprit plus pénétrant, il auroit compris que la réduplication de ce mot ne donne pas, dans celui de Cincinnus, l'idée d'une petite boucle; mais celle de plusieurs boucles jointes ensemble. C'est précisément ce qu'opère, dans un autre sens, celui de Cancan. Cet auteur nous fait voir aussi la même boucle de cheveux chez les Grecs, sous le nom de κι-κιννος (col. 484, T. IX, Orig. Gr.), et c'est de la racine celtique Cin, qu'il dit que le nom de cette boucle est passé chez les Grecs et chez les Latins. Mais le passage de cette racine celtique dans la Grèce et dans le Latium doit être bien ancien, puisque Théocrite et Livius Andronicus, dont l'un florissoit plus de 275 ans, et l'autre environ 240 avant J.C., se sont servis des mots κικιννος et Cinnus (V. Théocrite ci-dessus, et la version en vers latins de l'Odyssée d'Homere, par L. Andronicus citée dans le Prima Scalig. ci-devant). La langue Celtique étoit-elle alors assez formée, assez estimée, et assez répandue pour que des Auteurs Grecs et Latins du bel air daignâssent creuser ses racines et les transplanter dans leur sol ? Existoit-il, dans ce siècle, des livres écrits en cette langue ? Pourquoi l'Auteur du Monde Primitif ne nous en indique-t-il aucun ? Je suis extrêmement surpris qu'un rêve semblable à celui qui lui a fait prendre les cartes du jeu des Tarots, sur lesquelles il a débité les plus grandes extravagances, que je réfuterai, tôt ou tard, dans un supplément à mes éclaircissements sur l'invention des cartes à jouer, ne lui ait pas inspiré de nous forger quelques Grammaires ou Dictionnaires Celtiques, comme écrits dans une antiquité bien plus reculée que celle de ces deux Auteurs. La création de pareils monuments littéraires auroit-elle beaucoup coûté à ce visionnaire ? Tant il est vrai que chaque siècle a ses Postel !

Mais puisque l'Auteur du Monde Primitif est un aussi grand Maître en langue Celtique, voyons si Bullet dira également que la racine Cin signifie une boucle de cheveux dans la même langue. Il en donne une acception bien différente; c'est celle de poitrine. (Voyez le IIe Tome de ses Mém. sur la langue Celtique, pag. 320, col. 1).

D'ailleurs, les Grecs et les Latins n'ont-ils pas plutôt figuré dans le Monde Littéraire, que les Celtes ? Ils habitoient l'Orient de l'Europe, et les Celtes l'Occident. La partie Orientale de ce continent a certainement été plutôt peuplée que l'Occidentale. Elle avoisinoit de plus près le berceau du genre-humain que les grands Sçavants, et par conséquent, les seuls et vrais Philosophes, n'éloigneront jamais trop du voisinage de la ligne qui partage notre globe. C'est ce que je ferai voir ailleurs. Donc les Grecs et les Latins étoient déja policés, et jouissoient des Arts et des Sciences, tandis que les Celtes erroient encore de contrées en contrées. Les Grecs mêmes avoient porté, plus de dix siècles avant J. C., leur langue à une si haute perfection, qu'elle ne cessera jamais d'étonner ceux qui liront leurs anciens Poëtes.

S'il y avoit une racine étrangère à prêter à ces deux mots, j'aimerois mieux celle de Guichard, qui (dans son Harmonie étymologique, pag. 854) les dérive du mot oriental Tsitsith, Boucle. Mais je la rejette parce qu'elle me paroît aussi venir de trop loin.

Passons à celle du mot Cirrus. L'Auteur du M. Primitif la tire d'abord (Tome II, Gramm. Univ. pag. 88) de la racine Gur ou Gyr, que ses visions lui font découvrir dans sa prétendue langue primitive, et ensuite (Tome VI, Orig. Lat. I.re part. col. 442) du monosyllabe Cir des Celtes qu'il falsifie, ainsi que je le ferai voir ailleurs. Il dit que ces deux racines signifient un cercle, et que le mot Cirrus qui en dérive, désigne une boucle de cheveux. Nous verrons bientôt combien peu il est heureux dans l'origine et dans la signification de ce mot.

Comme la chevelure des enfants et des adolescents s'appelloit Cirri, et qu'on en offroit la première coupe à Apollon Cyrrhéen (Kippingii Ant. Rom. L. I, c. 1, pag. 57, &c.), pourquoi le mot Cirrus ne viendroit-il pas plutôt du verbe grec χείρειν (selon G. J. Vossius, Etymol. L. L. T. I, Op. p. 160 et 161), ou κέρειν (col. 315 du Glossaria Duo, par H. Estienne), qui signifie tondre, couper les cheveux ?

Mais puisque la voye étymologique dans laquelle nous sommes entrés est, jusqu'à présent, si ténébreuse, suspendons, pour un moment, notre marche, et tâchons d'éclairer le reste de la course que nous avons à y faire, par la lumière que nous réfléchiront les objets auxquels les anciens Grecs et Latins comparent ces deux coeffures. Apollonius assimile la première, qui datoit déja du temps d'Homère, sous le nom de πλοκάμοι (Iliad. XIV, ỳ. 176), à une grappe de raisin (V. son Argonaut. L. II, Tome III, du Thr. d'H. Estienne, col. 361); Achill. Tatius (L. I, in fine, fol. verso 25 de l'édit. de Commelin, in 8. 1601.) et Aristenet lui donnent une forme approchante en la disant semblable à une grappe de lierre. (Voyez le Pict. Vet. de Junius, L. III, c. 9, pag. 235). Antipater représente les frisons de l'autre comme les courbures des extrémités des bras du polype de mer. (Thr. d'H. Estienne, Tome III, col. 361, sous le mot πλοκμος).

Ces comparaisons jettent un jour très lumineux, non seulement sur les différentes formes de ces deux coeffures, mais encore sur l'origine des mots qui nous en conservent le *souvenir*. Comme les grains de raisins et de lierre sont ronds et entrelacés les uns dans les autres, la coeffure appellée Cincinni consistoit en boucles rondes qui s'agençoient les unes entre les autres. Feithius, interprétant mal un mot d'Homere dont je parlerai bientôt, prétend que ses frisons ressembloient au bout recourbé des cornes; il se trompe (p. 352 de son Antiq. Homer. L. III, c. x, §. IV). Le nom de cette coeffure vient donc d'un ancien mot de la langue vulgaire des Grecs ou des Latins appellé Ginginos. Il s'est conservé chez les Provençaux. Parmi les divers noms qu'ils donnent au raisin, on trouve celui de Gingin. Leurs Poëtes Sotadiques désignent quelquefois sous le même nom certains objets dont la vue alarme la pudeur. La coeffure appellée Cirri étoit formée, non de boucles, comme le dit l'Auteur du Monde Primitif, mais de simples crochets arrangés en un ou en différents étages. Comme ces crochets ressembloient aux courbures des extrémités des bras du polype de mer, on leur donna, par métaphore, le nom que portoient ces bras. Mais comme il peut se faire que les bras de ce poisson n'ayent été nommés Cirri qu'à cause de leur ressemblance avec le bout recourbé des cornes, le mot Cirrus viendra alors du mot grec κέρας, corne. Cette étymologie me paroît d'autant plus vraie, qu'Homere, en nous peignant la coeffure appellée Cirri, la représente composée de cornes. C'est ainsi que Diomede apostrophe, dans l'Iliade (L. XI, ỳ. 385), le ravisseur d'Hélene, κέρα ἀγλαέ, cornua splendide. Ces mots sont ceux que Feithius a mal interprétés. On voit aussi cette coeffure dans Juvénal, sous le nom de cornes :

    Cæsariem & madido torquentem cornua-cirro ?

Satyr. XIII. v. 165.

Voilà donc les boucles de l'auteur du Monde Primitif changées en crochets, ou en bouts de cornes; et son étymologie tirée des mots Gur ou Gyr ou Cir, entièrement détruite. Pignorius a fait graver trois têtes d'Antinoüs qui nous représentent la forme des frisons et les divers étages de cette coeffure (De Servis, p. 462). Quoiqu'elle soit très courte sur ces trois têtes, il ne faut pas croire qu'elle ne descendît jamais plus bas. Lorsque les Cirri étoient plus longs et qu'ils flottoient derriere le col ou le long des épaules, on les appelloit Flagella. C'est en ce sens qu'il paroît qu'il faut prendre ces mots d'une épigramme de Martial à Flaccus:

       Mollesque flagellent
  Colla comæ.

On les voit sous le même nom dans Grégoire de Tours (Hist. L. VI, c. 24, L. VIII, c. 10, et C. ultimo de Vitis Patrum), et dans Sidonius Apollinaris (Epist. 2, L. I). Du-Cange, qui en rapporte les passages Tome II de son Gloss. de la M. L. dern. éd. col. 1163), n'explique pas la raison pour laquelle la chevelure dont ces Auteurs parlent portoit ce nom. C'est mal-à-propos que Cleffelius croit qu'ils désignent celle qu'on appelloit Cincinnata (p. 311, Antiq. Germ.) Les Cirri reçurent aussi le nom de Flagella, à cause que les bras du polype auxquels ils ressembloient, étoient encore nommés ainsi. C'est ce que nous apprenons d'Ovide (Métamorph. L. IV, ℣. 366, 367).

    Deprehensum polypus hostem
  Continet, ex omni demissis parte flagellis.

Rhodigin aspire le mot Cirri, et l'écrit ainsi, Cirrhi (L. XIII, c. 32, pag. 506 ci-dessus). C'est ce qui justifie l'origine grecque que je lui ai assignée. Gesner rejette cette aspiration (De Aquatilibus L. IIII, pag. 882, édit. de Zurich. in fol.) a tort: Rhodigin étoit meilleur Philologue que lui.

Au reste, on voit les noms de Cincinni et de Cirri dans un Concile tenu en 1635, à Cefalu ou Cifalu, ville de la Vallée de Demona en Sicile (c. 2). La maniere dont les Peres de ce Concile les employent, prouve qu'ils n'en ont pas bien entendu le sens. Du-Pin, dans sa liste des Conciles, Tome III de sa Table Univ. col. 257, 258; les derniers Editeurs de Moréri (Tome IV, Ire partie, pag. 23, col. 1); l'Abbé Lenglet (Méth. pour étudier la Géogr. Tome IX de la dern. édit. in 12) ont omis ce Concile. Je ne l'ai également pas trouvé dans les deux Tables des Conciles du Louvre, du P. Labbe et du P. Hardouin, qui sont dans le XIe Tome de la Biblioth. Gr. de J. Alb. Fabricius (L. VI, c. 4, Hamburgi M DCC XL, in-4, p. 277 et 727). Le P. Labbe en fait cependant mention dans son Omnium Conciliorum Historica Synopsis, in 4, pag. 296. Thiers le cite dans son Histoire des Perruques, pag. 172.

Si j'avois pu abréger cette note, je l'aurois fait. Mais pourquoi ceux qui m'ont précédé m'ont-ils forcé de la rendre si longue? Les omissions auxquelles j'y supplée, les erreurs et les contradictions que j'y relève, les explications vagues que j'y détermine, et les rêveries étymologiques que j'y détruis, me feront obtenir grace pour sa longueur.

(111) Voyez Schmeizel, pag. 29.

(112) Voyez Achilles Tatius, L. I, fol. verso 2, édit. de Commelin ci-dessus, & Paschalius, L. II, c. 15, p. 125. Non seulement les Vierges ne portoient plus alors les cheveux épars et flottants; mais, s'il faut s'en rapporter à Alessandro d'Alessandro, elles se les faisoient couper pour les offrir à Pallas (Liv. V, c. 18, pag. 193 et 194, Tome II).

Renverrai-je, pour cet usage, à Giuseppe Lorenzo? Non certes. Il prétend le prouver par un passage du Comment. de Servius sur le IVe L. de l'Én. et le passage qu'il en cite ne se trouve pas dans ce Livre (Voyez son Polym. pag. 437, col. 1.)

Renverrai-je aussi à Aless. d'Alessandro? Il est sûr qu'il en parle, mais c'est en se contredisant.

Il donne d'abord des bandelettes aux Dames Rom..... Etenim Matronæ et spectatæ pudicitiæ mulieres..... togâ ad talos demissâ, stolâque et flammeo, ac vittis et reticulo, quo capita velarent, utebantur (L. V, c. 18, p. 215 et 216). Il dit ensuite que les Vierges avoient seules le droit d'en porter (Vittasque et supparum, ac togam prætextam, solæ Virgines deferebant.... ibid. p. 220). Ces fausses citations et contradictions me forcent d'alonger ma note, en remontant aux sources. Properce atteste l'usage dont je parle, dans le 34ᵉ vers de la XI Éleg. de son IVᵉ L. Il dit, en nous représentant une nouvelle mariée :

    Mox ubi jam facibus cessit prætexta maritis,
    Vinxit (*) & acceptas altera vitta comas.

Valerius Flaccus y fait allusion en nous peignant Médée aux portes du temple de l'Hymen, L. VIII... 6.

    Ultima Virgineis tum flens dedit oscula vittis.

(114) Solerius, De Pileo, p. 109, N. Mercerus, sur le G. Dies, Tome II, pag. 221, col. 1, et Lorenzo dans son Polym. pag. 437, col. 1.

(115) Dempster, in Rosini Ant. Rom. L. V, c. 35, pag. 432, col. 1, L. Bat. Hackii, 1663, in 4, et pag. 412 de l'édit. de 1743, aussi in 4, col. 1 et 2.

(116) Valere-Max. L. V, c. 2, p. 433 et 434 de l'édit. de Torrenius, 1726, in 4.

(117) Dempster, voyez note (115) ci-dess. et l'abbé Nadal, Tome IV des Mém. de l'Acad. des Inscript. in 4, p. 236.

En l'an 265 de Rome, le costume des Dames y étoit déja caractérisé. Elles y jouissoient de la prérogative de porter des pendants d'oreille. Le Sénat, en faveur de la mère et de la femme de Coriolan, leur attribua d'autres marques distinctives, telles que celles d'orner leur coeffure d'une bandelette, de se parer d'un vêtement de pourpre, et d'en rehausser le fond par des galons d'or. C'est ainsi que Valere-Max. présente son décret.... Sanxit namque ut feminis semitâ viri cederent, confessus plus salutis reipublicæ in stola quàm in armis fuisse : vetustisque aurium insignibus novum vittæ discrimen adjecit. Permisit quoque his purpureâ veste et aureis uti segmentis (L. V, c. 2, §. 1). L'abbé Nadal, adoptant de préférence une mauvaise leçon qui s'est peut-être glissée dans certaines éditions manuscrites ou imprimées de cet Auteur, ou une correction hasardée par certains de ces Critiques qui ont la rage de tourmenter les textes les plus précis et les plus nets, rapporte d'abord différemment une partie de ce passage..... Vetustisque, dit-il, crinium insignibus novum vittæ discrimen adjecit.... Il en donne ensuite une explication ridicule. Le Sénat, poursuit-il, imagina un ruban distingué qu'elles ajouterent aux autres ornements naturels. Cet auguste corps d'une gravité aussi majestueuse n'est donc, sous sa plume, qu'une vile société de petits-maîtres, qui, par la plus fade et la plus minutieuse de toutes les galanteries, s'étudie à relever les ornements naturels des Dames par un ruban distingué. Son décret comporte-t-il une pareille explication? Quelle en est la disposition? C'est d'ajouter d'autres marques distinctives à celles dont les Dames Romaines étoient déja en possession. Y voit-on ceux qui l'ont rédigé occupés à leur dresser une nouvelle toilette, pour donner encore plus d'éclat à leurs ornements naturels? Les distinctions qui leur sont accordées de nouveau, en quoi consistent-elles? Ne sont-elles pas celles que j'ai rapportées? Le Sénat, en leur permettant d'attacher aussi une bandelette à leur coeffure, a-t-il eu d'autre intention que celle de leur communiquer un privilège qui n'avoit appartenu, jusqu'alors,

---

 (*) Ou *cinxit* dans d'autres éditions.

qu'aux Vestales et aux Vierges ? Je ne suis pas surpris que l'abbé Nadal n'ait pas eu plus de discernement et de critique. Mais ce qui m'étonne, c'est qu'une explication aussi ridicule, et en même temps aussi fausse que la sienne, soit passée à l'impression sous le privilège de la société littéraire au milieu de laquelle elle a été lue.

Au reste, je n'ignore pas que le mot Crinium de l'abbé Nadal est une assertion de Juste-Lipse, quoiqu'il ne le cite pas. Je n'ignore pas non plus que Ferrarius l'admet, si elle est autorisée par d'anciens mss. Mais Colerus la rejette; et quand même cette leçon seroit ancienne, elle ne seroit pas moins vicieuse. Une marque distinctive doit être exclusive et très visible; si elle n'étoit pas telle, feroit-elle reconnoître le nom et la qualité des personnes qui en seroient décorées ? Substituons au mot Aurium, ou plutôt Inaurium, de Valere-Max., celui de Crinium de J. Lipse, et demandons à Ferrarius quelle étoit cette marque. Ce qui la constituoit, nous dira-t-il, c'étoit un certain nombre de tresses de cheveux, que les Dames Romaines agençoient dans leur coeffure. Comment un aussi excellent Critique que lui a-t-il pu allier aux marques distinctives décernées dans ce senatus-consulte, celle de l'espèce dont il parle ? Qu'avoit-elle de distinctif ? Elle empêchoit, ajoutera-t-il, de confondre les Dames qui avoient le droit de la porter, avec les femmes de ceux qu'on appelloit Libertini, et avec les Courtisanes, auxquelles elles étoient absolument interdites. Je ne nie pas qu'elle ne les distinguât de celles-ci, qui n'en portoient certainement pas, par une raison bien différente de celle qu'allegue Ferrarius, et qui sera sans réplique lorsque je la rapporterai; mais les distinguoit-elle aussi de celles-là ? N'est-ce pas dans Festus que nous trouvons ces tresses ? Cet auteur lui donne-t-il cette prétendue qualité distinctive entre les Dames Romaines et celles de la classe que Ferrarius a indiquée ? Qu'on lise son passage dans l'Étymol. L. L. de G. J. Vossius (Tome I, Op. p. 191, col. 2), et dans le N. Thrésor de la L. L. par Gesner (Tome 4, col. 427, sous le mot Sex.): loin d'y voir ce que Ferrarius dit y être, l'on y découvrira tout le contraire. Festus, en faisant remonter ces tresses à la plus haute antiquité, dit qu'il n'y eut d'abord que les Vestales qui eussent le privilège d'en porter, mais que dans la suite toutes les nouvelles mariées le partagèrent avec elles. Veut-on la raison de la communication de ce privilège qu'elles obtinrent du Sénat ? C'est encore Festus qui nous l'apprend. Comme ces tresses étoient un des symboles de la virginité des Vestales, le Sénat, en les accordant aussi aux nouvelles mariées, voulut les attacher par un signe si sacré, d'une manière encore plus inviolable, à la fidélité conjugale..... Senis crinibus nubentes ornantur quòd is ornatus vetustissimus fuit : quidam quòd eo Virgines Vestales ornantur, &c. Ces tresses n'avoient donc rien de distinctif. Cette prétendue marque étoit purement morale, et elle n'influoit aucunement dans l'ordre politique pour en diversifier les classes. La vertu des Dames Romaines étoit-elle plus précieuse aux yeux du Sénat, que celle des femmes des classes subalternes ? Pourquoi en auroit-il relevé le mérite dans les unes et auroit-il dédaigné de l'appercevoir dans les autres ? Quel effet auroit-il pu se promettre d'une distinction si mal concertée ? N'auroit-elle pas aigri les autres Romaines ? et l'indignation qu'elle leur auroit inspirée, ne leur auroit-elle pas ouvert toutes les portes de la licence, puisque la pureté de leurs mœurs auroit été comptée pour rien ? Cette marque n'étoit donc pas exclusive. En supposant qu'elle le fût, auroit-elle été très visible ? Les Dames Romaines n'étoient-elles pas voilées ? Pour jouir de la distinction qu'elle devoit leur procurer, auroient-elles abjuré le voile, qui constituoit leur état, ou l'auroient-elles soulevé dans le même dessein, à chaque pas qu'elles auroient fait en public ? Puisque cette prétendue marque n'étoit ni exclusive ni visible, donc elle ne peut être celle à laquelle le Sénat associa ces autres distinctions dans ce décret. Allons plus loin; et puisqu'une leçon aussi hazardée et aussi absurde n'a pas encore été philosophiquement attaquée, extirpons-la jusqu'à son dernier élément. Cette prétendue marque étoit-elle aussi ancienne que les pendants d'oreilles? Remontoit-elle même à l'époque de ce décret? Jugeons-en par le but que les Romaines se proposerent en la demandant. Ne fut-ce pas afin de donner à leurs maris un signe de leur constante vertu conjugale? Mais quand est-ce qu'elles dûrent présenter au Sénat leur supplique, pour en obtenir cette faveur? Est-ce dans le berceau de Rome où les qualités et les rangs furent fixés? Les mœurs n'étoient-elles pas, alors, dans leur pureté primitive? Est-ce quelques années avant celle de 265, en laquelle ce décret fut rendu? Le sang de Lucrece, qui étoit alors tout fumant, ne nous crie-t-il pas que le lit conjugal n'avoit encore été profané par aucune souillure? Cette supplique est donc postérieure à ce décret; donc la marque que nous y cherchons, ne peut être celle que Ferrarius y indique. A raisonner juste, peut-on la supposer antérieure aux premiers ravages que la corruption fit dans Rome? N'est-ce pas à la première ouverture du gouffre, que la vertu s'alarme, et qu'elle devient industrieuse à imaginer des signes pour rassurer ceux qui craignent qu'elle ne s'y précipite? Ces tresses sont donc postérieures de près de deux siècles au décret dans lequel Ferrarius veut nous les faire voir. Que les J. Lipse et les Ferrarius futurs sçachent qu'il ne faut jamais corriger un texte contre l'ordre des faits, et que le nouveau sens qu'ils voudront y introduire, ne pourra jamais être le véritable, s'il n'est épuré auparavant par la critique la plus fine, et si, en y entrant, il n'y donne pas une exclusion absolue à tout autre. D'ailleurs Ferrarius, en disant que les Vierges ne portoient pas de ces sortes de tresses, s'explique d'une manière trop vague. Les Vestales étoient certainement Vierges, et je viens de faire voir, quoique je l'eusse déja dit dans mon Discours (pages 26 et 27), qu'elles en portoient aussi. C'est à présent le temps de revenir aux Courtisanes. Ferrarius affirme que ces tresses leur étoit interdites. Où a-t-il déterré le prétendu décret de cette interdiction? Ne l'a-t-il pas imaginé? Si les Courtisanes n'inséroient pas ces tresses dans leur coeffure, ce n'étoit pas pour se conformer à la loi qui les leur interdisoit, mais pour s'afficher telles qu'elles étoient. Devoient-elles, pour réussir dans la profession qu'elles exerçoient, emprunter un signe qui l'auroit démentie? En voilà assez contre Ferrarius (Voyez son Tr. De Re Vestiariâ, L. III, c. XVII, pars 1ª pag. 222 et 223). Que penser des Auteurs de l'Hist. Univ. en anglois, qui n'ont pas dit un mot sur cette anecdote de Val. Max. (Tome VIII de la Version Françoise, in 4, pag. 131, L. III, c. III)?

Au reste, comme la corruption est un cancer qui ne cessant de ronger les mœurs et les costumes appropriés à chaque classe politique, les dévore à la fin, la distinction que les pendants d'oreilles mettoient entre les Dames et les Courtisanes, s'effaça avec le temps. Celles-ci eurent l'effronterie d'usurper le même ornement, et elles pousserent l'insolence jusqu'au point de l'enrichir de pierreries. J'ignore la véritable époque de ce désordre, mais il existoit déja du temps d'Ovide.

> Quid, cùm mendaci damno mœstissima plorat;
> Elapsusque cavâ fingitur aure lapis?
> • De Arte amandi, L. I, v. 431 & 432.

Il duroit encore dans le siècle de Martial.....

> Nunc plorat speculo fallax ancilla relicto:
> Gemma vel a digito, vel cedit aura (*) lapis.

Fut-il tant soit peu arrêté sous Alexandre Sévère? Il y a lieu de le croire. Puisque ce prince réforma le luxe des Dames de sa famille et de sa cour, sa réforme ne dut-elle pas frapper, par

---

(*) Pour *aure*, Epigr. XLIX du XIᵉ Livre de mon édition in 4, d'environ l'an 1470, sans date, titre, chiffres, signatures, réclames, noms de ville et d'imprimeur. Elle est si rare, qu'elle est presque introuvable.

contre-coup, contre les femmes de toutes les autres classes? Je n'en doute aucunement, quoique Lampride ne parle dans sa vie (ch. XLI), que de l'effet qu'elle produisit parmi les Dames du plus haut rang.

(118) Voyez T. Live, Tome I, in 8, C. N. V. 1679 (L. II, c. 40), pag. 182, et les notes relatives au lieu où cette anecdote étoit consignée. Oliverius y rapporte son passage en entier. D'où l'a-t-il tiré? Je l'ignore. On peut le lire à la pag. 433, col. 2, note 9, de l'édit. de Val. Max. ci-dessus.

(119) Plaute, dans son Miles Gloriosus, Sc. VIII, pag. 412, in 16, ex off. C. Plantini CIƆIƆLXVI.

    Utique eam hic ornatam adducas matronaru͞ modo :
    Capite comto, crinis, vittafq.; habeat, &c.

Nic. Mercier cite ce passage avec quelque légère différence (Tome II du G. Dies, pag. 221, col. 1); mais il se trompe en renvoyant à la Casina du même auteur.

Arntzenius (De Colore Comarum, p. 41, c. 3), et D. Martin (ci-dessous, note 127, Tome I, pag. 260) le citent aussi; leur citation diffère de la mienne, vraisemblablement à cause de l'édition dont ils se sont servis.

(120) Properce, ci-dessus, note (113).

(121) J. Lipse, Ant. Lect. L. III, c. 1, pag. 370, Tome I, Op. in 8.

(122) N. Mercier, ci-devant note (119).

(123) L'abbé Nadal, Tome IV, Mém. de l'Ac. des Inscript. in 4, p. 235.

(124) Lens, pag. 250.

(125) Kippingius, L. IV, c. XVIII, pag. 555, édit. de 1713.

(126) Nieupoort, L. VI, c. 1, (pag. 276 et 277 de la vers. fr. de son ouvrage).

(127) C'est ce que dit Ovide (Amor. L. III, El. XIII, ỳ. 25, T. I, C. N. V. pag. 504.

    Virginei crines auro gemmâque premuntur.

Don Martin, (Tome I de ses Explic. de plusieurs Textes différents de l'Écriture Sainte, p. 260), atteste le même usage; mais il ne renvoye à aucun garant. Dempster (sur Rosin, L. V, c. 35), et Arntzenius (pag. 53), sont plus exacts que lui; ils n'oublient pas de renvoyer à Ovide. Si quelqu'un prétendoit que le vers de ce poëte, que je cite, n'exprime pas assez clairement les bandelettes brochées d'or que je donne dans mon Discours aux Vierges Romaines, qu'il lise dans Rhodigin (Lect. Ant. L. III, c. XXIV, pag. 98), la découverte que l'on fit à Rome, sous le pontificat de Sixte IV, du tombeau d'une de ces anciennes Vierges, qu'on crut alors être celui de Tulliola, fille de Cicéron. On voyoit autour des cheveux du corps qui y étoit renfermé, une bandelette de cette espece..... In eo visebantur capilli aureo impliciti reticulo..... Divers auteurs, en mentionnant cette découverte, la mettent sous un autre pontificat. J'en parlerai ailleurs. Le christianisme réprima, dans sa première ferveur, le luxe des Vierges Romaines qui ouvrirent leurs yeux au flambeau de la foi; mais ce ne fut que pour un temps. St Jérôme nous parle de l'or, des perles et des pierres précieuses dont celles de son siècle enrichissoient leur coeffure et leur parure. Voyez sa Lettre à Leta, dans la Biblioth. des Aut. Eccl. par Du-Pin, Tome III, N.e partie, pag. 353, Paris, André Pralard, MDCXC, in 8, (Vme siècle).

www.ingramcontent.com/pod-product-compliance
Lightning Source LLC
LaVergne TN
LVHW052103090426
835512LV00035B/957